非暴力沟通·"无错区"教室

[美]苏拉·哈特 [美]维多利亚·霍德森◎著
娅锦◎译 李夏◎审校

THE NO-FAULT
CLASSROOM

图书在版编目（CIP）数据

非暴力沟通．"无错区"教室/（美）苏拉·哈特，（美）维多利亚·霍德森著；娅锦译．—北京：华夏出版社有限公司，2021.6（2021.7重印）

（非暴力沟通系列）

书名原文：The No-Fault Classroom: Tools to Resolve Conflict & Foster Relationship Intelligence

ISBN 978-7-5222-0033-0

Ⅰ．①非… Ⅱ．①苏… ②维… ③娅… Ⅲ．①心理交往—通俗读物 ②学校教育—教育研究 Ⅳ．① C912.11-49 ② G4

中国版本图书馆 CIP 数据核字（2021）第 017333 号

Translated from the book The No-Fault Classroom by Sura Hart & Victoria Kindle Hodson ISBN：9781892005182 / 1892005182.
Copyright © 2008 PuddleDancer Press, published by PuddleDancer Press.
All rights reserved. Used with permission.
For further information about Nonviolent Communication ™ please visit the Center for Nonviolent Communication on the Web at: www.cnvc.org.

版权所有，翻印必究。
北京市版权局著作权合同登记号：图字：01-2018-4901 号

非暴力沟通·"无错区"教室

作　　者	［美］苏拉·哈特　［美］维多利亚·霍德森
译　　者	娅　锦
责任编辑	王凤梅
责任印制	刘　洋

出版发行	华夏出版社有限公司
经　　销	新华书店
印　　刷	三河市少明印务有限公司
装　　订	三河市少明印务有限公司
版　　次	2021 年 6 月北京第 1 版　2021 年 7 月北京第 2 次印刷
开　　本	710×1000　1/16 开
印　　张	19.25
字　　数	172 千字
定　　价	59.80 元

华夏出版社有限公司　地址：北京市东直门外香河园北里 4 号　邮编：100028
网址：www.hxph.com.cn　电话：（010）64663331（转）
若发现本版图书有印装质量问题，请与我社营销中心联系调换。

谨以此书献给我们的老师，他们毫无保留地将自己在心灵与智慧之路上的探索与我们分享。

同时献给我们在世界各地的学员，他们不论年龄大小，都在家庭、学校和社区中实践着非暴力沟通。

目 录
contents

序一：被深深允许的无错的世界…1
序二：欢迎来到"无错区"空间…10
赞誉…16
致谢…23
前言…24

Section I 前期准备 奠定基础…1

创建"无错区"教室的前期准备…2

夯实"无错区"教室基础…16

Section II 制作材料…27

创设你的"无错区"…27

材料制作…30

Section III 创建"无错区"教室…35

"无错区"介绍（60分钟）…35

能力1 进入平静警觉的能力…43

能力2 了解需要的能力…65

能力 3　满足需要的能力…79

能力 4　觉察感受的能力…93

能力 5　观察的能力…117

能力 6　倾听的能力…137

能力 7　在"错误区"航行的能力…155

能力 8　合作解决问题和化解冲突的能力…176

能力 9　随时随地创建"无错区"的能力…198

附录 1　观察记录表…214

附录 2　材料模板…219

内在能量板模板…221

九大能力…222

四种倾听方式…223

平息愤怒六部曲…224

解决问题九步法…225

选择卡（单元 1b）…226

长颈鹿感谢卡…243

生活试验日志…244

感受和需要的关系…246

感受与想法练习题…247

观察和想法脚本卡…249

附录 3　能量转化练习…251

能量转化练习日志…253

身体扫描…254

能量转化法：心呼吸能量转化法…255

能量转化法：中心定位法…256

能量转化法：甩手运动…257

能量转化法：交叉爬行…258

能量转化法：脑部血液保持法…259

能量转化法：大树式…260

能量转化法：六秒暂停…261

能量转化法：自我倾听…262

非暴力沟通的四个步骤…263
感受词汇表…264
需要词汇表…265

序一
被深深允许的无错的世界

一

《非暴力沟通·"无错区"教室》这本书写的内容对于中国当下的教育来说基本等于浪费时间。

书中的这些课程既不是语文、数学、英语这样的必考的主课，不是能够展示孩子的才艺、给未来加分的音乐、美术、体育，也不是项目制学习、跨学科学习这样的通往未来应用场景的时髦课程。这本书旨在教老师带领学生创造一个"无错区"教室。

《非暴力沟通·"无错区"教室》其实是一套教案，如果每周一次课、一次课一个小时的话，大约要持续一学期、一年，甚至几年。

这本书的内容如果要贯彻落实，不仅要"浪费"很多时间，

2

还需要学生和老师付出很多精力：需要老师和学生共同回答不少问题，组织不少讨论，还要做不少手工。最有意思的是，它还要求师生一起做"身体扫描""交叉爬行""心呼吸能量转化法""中心定位法""大树式""六秒暂停"等在我们看来莫名其妙的活动。

这本书要培养学生的九大能力：

1. 进入平静警觉的能力
2. 了解需要的能力
3. 满足需要的能力
4. 觉察感受的能力
5. 观察的能力
6. 倾听的能力
7. 在"错误区"航行的能力
8. 合作解决问题和化解冲突的能力
9. 随时随地创建"无错区"的能力

这些能力显然并没有被登载在某个国家的教育大纲上。你极有可能从来没有听说过这些能力，也不知道它们有什么用处，更不知道它们具体有什么含义。我得告诉你，这些能力属于心理学和沟通范畴，非常难，作为老师也要认真练习才能掌握，更不要说学生了。

二

但是，这些时间"浪费"得值得。

我曾经在浙江义乌组织过一次中国孩子和芬兰孩子参加的冬令营，观察到了一些非常有意思的现象：

芬兰孩子大多非常安静，甚至害羞。他们见到人时会静静地微笑，但不会热络地说话；一些中国孩子也不会在初次见面的时候打招呼，但他们的方式不是微笑，而是几个小伙伴故意打闹，希望引起大家的注意。

芬兰孩子在餐厅安安静静地排队取餐，但有趣的是，他们其实胆子很大：他们会尝试所有没有吃过的中国食物，每次取一点点，吃了觉得能够接受就拿更多。而一些中国孩子在餐厅把自己爱吃的东西拿了一大盘子，最后吃不完，有三分之一以上都浪费了。而且他们几乎不会取食一切他们不熟悉的、没有吃过的食物，即便服务员非常善意地邀请他们尝试一下，他们也不停地摇头拒绝。

上课的时候，芬兰的孩子乖乖地记笔记，做课堂练习题，举手回答问题，看上去很像那些被管得严严实实、失去了自我的乖学生。一些中国孩子在上课的时候会激动地举手回答问题。如果老师没有给他们机会，他们会非常生气。但若老师真要他们站起来回答问题，他们极有可能说不出有什么实质性内容的话来。另外，一些中国孩子会在课堂上嘟囔"我困了""什么时候下课"……

最让我触目惊心的是孩子们一起上的体育课。

芬兰老师带大家玩一种夺旗游戏，这个游戏需要孩子跑得很快、体力很好，如此才不会被对方抓住。这个游戏还需要大家开会定策略，商量如何分工合作，会运用类似"田忌赛马"

这一强弱配合的策略。很显然，芬兰孩子的体力远超中国孩子，除了人种、营养原因之外，似乎他们平时在教室里上课的时间少、在教室外跑动的时间多，比中国孩子锻炼得多，所以在长距离狂奔的环节，多是让芬兰孩子上。我们还惊讶地发现，芬兰孩子特别聪明，特别是几个芬兰女孩，因为能通盘考虑全局、擅长出谋划策，很快被大家共推为老大，负责安排每个人的角色、制定策略。

芬兰式体育课很受欢迎，几乎每个孩子都跑了五公里以上还舍不得下课。在这个过程中，我观察到中国孩子扮演的是听话的、负责碰瓷以配合完成大计的小兵角色。

下课后的自由活动更加惊人，中国孩子叽叽喳喳在一起商量吃什么零食，芬兰孩子则集体跳起了一种非常狂野的舞蹈。据说那是由一个患有轻度自闭症的芬兰男孩发起的，最后全营的人包括中国老师都加入了这个舞蹈。

芬兰的孩子静若处子、动若脱兔、谋定而后动。可以预见，他们长大之后，不管在什么样的时代、什么样的国度，都会极具竞争力，都会成为国家想要的人才，是父母希望孩子长大后的样子。

要知道，芬兰的这几十个孩子，来自芬兰首都之外的一个小城市，他们不是被挑选过的，是整整一个班级一个不落地来的。正如前文所提到的，里面还有一个患有轻度自闭症的孩子。

而中国的这些孩子是被精选过的孩子，他们大部分来自中产家庭，有些来自富裕之家，大多就读于公立、私立名校。

这样的现象让我不得不承认：如果中国的教育不改变的话，两国教育成果的差异会越来越明显。

三

为什么芬兰的这些孩子专注、安静、善谋略，同时又热烈、勇敢、机警呢？为什么中国的这些孩子喧闹、叛逆，但实质上却浮躁而脆弱呢？

这中间的差别是什么？

我认真分析了芬兰老师的营期活动设计，总结了他们的教育特点：他们留出了大量的时间让孩子们运动、自由玩耍、睡觉，时间多得让我们中国老师惊讶。他们上正课的时间太少了！在我们看来少得可怜、所剩无几的上课时间里面，他们还设置了很多跟课程无关的讨论。这些讨论，在第一天花费了整整一个下午的时间，之后是每天一个小时：早晨半小时，傍晚快下课的时候半小时。他们会跟孩子们讨论：我们要制定一个什么样的冬令营公约？这些公约真的容易遵守吗？你今天有什么感受？你有什么需要？你觉得怎么做可以满足你的需要？你觉得怎么做，可以满足大家的需要？

在读《非暴力沟通·"无错区"教室》这本书的时候，我才发现，他们干的事情，就是在跟孩子们一起建设一个"无错区"教室。

什么叫"无错区"呢？

就是所有人，包括孩子们和老师，他们的感受，不管是兴奋、喜悦、欣喜、甜蜜、幸福、陶醉、满足、欣慰、心旷神怡、喜出望外，还是忧伤、沮丧、气馁、泄气、绝望、沉重、麻木、筋疲力尽、萎靡不振，无论是多么积极阳光的正能量感受，还是多么奇葩、颓废的负能量感受，都是被允许表达的，都是无错的，因此也是不必压抑和藏匿的。

什么叫"无错"呢？

就是所有人，包括孩子们和老师，他们的真实感受背后都有需要，可能是对选择梦想、目标的需要，可能是对创造意义、自我肯定的需要，也可能是对乐趣、欢笑的需要，可能是对接纳、欣赏、体贴、安全感的需要，还有对爱、信心、尊重、支持、信任、理解的需要。

这些需要是没有错的、应该被满足的。每个孩子的需要都没有错，都应该被满足。

这些道理大家一看都明白，但做到很难、非常难。

首先，从态度上，我们太容易去否定感受了。

我记得在中芬冬令营，芬兰老师允许每个芬兰孩子一整天都带着手机，甚至晚上回房间睡觉也带着；他们还允许孩子们不守宿舍纪律，可以好几个孩子挤在同一张床上，只要他们想待在一个房间里。这让我们非常惊讶。

最让我们惊讶的是，老师们这样做是因为他们知道这些孩子第一次出国，而且是到陌生的东方国家，孩子们在夜深人静的时候会害怕、会孤单，需要跟小伙伴聊聊天，需要跟父母网络通话。

他们的脆弱、无助、慌张和思乡是无错的、被允许的。

而我们则劝孩子们要坚强起来，甚至会给孩子坚强表现后一定的强化物——一个口头的或者物质的小奖励。这其实在否定孩

子的真实感受，也阻挡了我们去探索孩子感受背后的真实需要。所以我们努力做的很多事情往往不奏效。

不否定感受并且能够准确地描述出感受，需要刻意练习。

从行为识别出感受，再匹配到需要——这个思维过程跟我们平时的言行是完全相逆的。经验丰富的教育工作者能够在一瞬间完成这个思维过程，而这需要大量的观察、练习和反思。

能够从感受和需要出发，建立一个安全、和谐和鼓励的"无错区"教室，需要一个学期、一年甚至几年的时间。

但这些时间是值得的。

这本书的作者之一苏拉是首位将非暴力沟通带进教育场景的教育家，她告诉了我们她的试验成果：她的班级花了大量的时间"浪费"在建立一个"无错区"教室上，上正课的时间变少了，但孩子们的成绩越来越好。所以，这样的"无错区"教室在她所在的橡树学校越来越多，在美国越来越多，甚至在全世界也越来越多。

四

最后，我想用一首我写的诗歌结尾：

献给这个被深深允许的世界

三川玲

当没有名字的野草

被允许长大、开花和结籽时

当洋甘菊不会因为只有一季生命
而被园丁放弃时

当山楂雪白的花落尽而深红的果尚未结成
依然被画在油画上时

当艾蒿并非因为制青团和做艾灸
而是因为婆娑的姿态、微白的青色而被邀请到花园时

当一朵平凡的小白花盛开
周围都是鼓励的深深浅浅的绿时

当鼠尾草、松果菊和芦苇
可以浪费一个夏天合唱一首彩色的歌时

当孩子不会做十以内的加减法
但叠出一只纸鹤时

当一个孩子写出有25个字是拼音、3个错别字的35个字的作文
老师却发现他写出了优雅的俳句时

当老师笃定地告诉妈妈她那一学期没有发言的儿子
是个掌握全局的观察者时

当一个七岁还不会写字的孩子跟老师口述她的诗歌
在电脑上记录的老师泪流满面时

当一个孩子用半个小时说出广州的300条公交线路
老师告诉他奠定美国精神的作品《白鲸》用的就是这种写法时

我们就相信
这是一个深深的被允许的世界

我们就相信
这是一个被看见和被读懂的世界

我们就相信这是个有耐心的接纳的世界

我们就相信
这是个真实的
勇敢无畏的
必将精彩的世界

三川玲

二〇二〇年七月十四日写于秦皇岛阿那亚

序二
欢迎来到"无错区"空间

　　学习和成长是在关系中发生的,这需要教育工作者把"爱"放在第一位。但在与孩子们的相处中,每个人都会遇到各种困扰和挑战,需要得到大量的支持和帮助,与孩子们良好沟通,真正支持孩子们的成长。老师们希望得到学生的合作,创造尊重、和谐的课堂氛围,让课堂充满活力,但繁重的教学任务和紧凑的日程安排经常让人感到力不从心、精疲力竭。

　　不管教授的是幼儿园、小学、初中还是高中的孩子,为了让教学工作顺利进行,老师们要花费很多时间和精力管理课堂,制定出各种奖励和惩罚措施约束和管教学生的行为。但如果我们只是针对学生的行为进行管理,而不去尝试了解行为产生的真正原因,即学生想满足的需要,我们就无法真正和学生建立信任和连

接,无法从根源上解决问题,也无法让学生培养更好地了解和管理自己的情绪、同理他人和化解冲突的各种技能。

另外,孩子们的心理健康也成了当今社会非常关注的话题,因为心理健康而导致的各种悲剧时常上演。在某医院精神心理科工作的朋友说,这几年他接待的患抑郁症的孩子逐年增多。我想,如果大人们平时能够多关注一下孩子的情绪波动,想方法帮助孩子疏解和处理情绪问题,很多悲剧是完全可以避免的,精神心理科的医生朋友们也能少些叹息。

2015年,苏拉·哈特和维多利亚·霍德森合著的《非暴力沟通亲子篇》和《教室里的非暴力沟通》两本书的中文版由华夏出版社出版了。而恰好在同一年的冬天,我在北京第一次见到了苏拉。当时,我邀请苏拉来到北京,为几个幼儿园和中小学的教师和家长分享非暴力沟通。那也是她第一次来到中国大陆。

苏拉说,她和维多利亚首次在《非暴力沟通亲子篇》的第七章中提出了"无错区"的概念。在书中,她们说:"如果父母们实践我们在书中分享的内容,将创建充满爱的家,家庭成员将相互尊重、友善相处、彼此理解和沟通,而不是相互挑剔、指责和评判。"在《非暴力沟通亲子篇》英文版出版后,她们就动手写作了本书的英文版。

本书所指的"无错区"和"无错区"游戏中的"无错区"指的是苏菲派诗人鲁米的诗中描绘的地方:"在对与错的区分之外,有一片田野,我将在那里遇到你。"

"无错区"的存在意味着人们可以基于观察、感受和需要,有选择地做出回应，还可以通过提出请求邀请别人和我们合作，一起找到满足双方需要的办法。我们将尽可能清晰且诚实地表达自己，同时也留意对方的观察、感受和需要，并予以尊重和同理倾听。正如书中所说："'无错区'是一个友好的地方。那里的人们都真诚地彼此关心，并用各种方式表现出来。"

在"错误区"里，有的只是好坏、对错、抱怨、指责、命令、贴标签、评判、奖励和惩罚等非黑即白的想法和言行。人们的目的虽然是想要满足某种愿望，但在"错误区"，人们却往往会忽视感受和需要，造成彼此的隔阂、疏远和伤害。

在"无错区"游戏领航人的线上课程中，维多利亚向我们介绍了她和苏拉发明"无错区"游戏的故事。她的儿子是一名飞行员，飞行员通过机舱里的控制面板了解天气、温度、空气压力、飞行高度等信息。于是，她和苏拉探讨：如果我们有一样东西能像飞行员的控制面板一样，把我们内在的能量呈现出来，我们就可以看到自己内在的"气候"状况。如此一来，我们就可以让它引导我们做出相应的选择，引导我们的生活。于是，他们发展出了展示人类内在运作系统的内在能量板。

苏拉和维多利亚都曾从事蒙特梭利教育。蒙特梭利教育非常强调学生们使用各种教具和材料探索学习。老师们不是用讲授的方式让学生学习，而是让学生使用教具和材料探索概念和技能。苏拉告诉我，她们写作本书源自为蒙特梭利学校提供培训课程。这本书将帮助学生学习社交情感技能。孩子需要从体验中学习，

欢迎来到"无错区"空间

从体验中找到学习内容对自身的意义,一次体验胜过多次说教。本书提供的材料可以让学生们探索情绪、需要和沟通,发展双赢的冲突化解技能。她们也发现,这本书的技能也适合所有年龄段的人学习社交情感技能、自我连接、同理倾听他人和化解冲突。

这本书可以让老师们带着学生一起学习和体验创建"无错区"教室的九大能力,有效地支持我们创建期待中的课堂氛围。班主任可以用班会时间带学生们一起制作内在能量板、选择卡、感受卡和需要卡等,学习各种能力并相互分享体会,创建尊重与合作的班级文化;学科老师可以将书里的各种能力融入自己的学科教学中;德育老师、心理辅导老师、管理者、行政人员等可以用书里的方法和技能与学生沟通,共同创建一种尊重与合作的学习氛围。

本书是培养师生九大能力、共同创建"无错区"教室的教学计划书,强调学生的参与和体验。师生们共同提升自我认知、沟通技能、同理心和解决问题的能力等,将有效减少各种冲突、促进合作。在学生们学会了这些技能后,他们就可以用这些技能处理问题和化解冲突,做出明智的选择。因此,花一些时间培养学生们学习这些技能,能够为老师节省很多用于处理日常问题的宝贵时间。

另外,为了支持教师的工作并促进孩子在家校一体的"学习共同体"中健康成长和学习,家长也可以和孩子在家里使用这本书，和孩子探讨和学习这些知识和技能，帮助孩子疏解情绪，了解自己的需要，同时也可以借一起"玩"这本书的机会，增进和孩子的感情，了解孩子的学习和生活情况。

这些技能会让学生们受益终身。苏拉和维多利亚在书中说："想象一下，如果你每一刻都知道自己需要什么，知道自己为什么要做你所做的事情，那会对你有怎样的帮助。想象一下，如果你有能力让每个人在每一刻都开心有趣，那会是什么样的场景呢？想象一下，如果你有能力把争论变成有助益的对话，如果你知道如何平和地化解生活中出现的冲突，又会是什么样的场景呢？"书中教给大家的九大能力能够帮助孩子们做到这些，也许还能做到其他更令人惊喜的事情。

另外，我建议在教孩子之前，不要只是阅读本书，而是跟随书里的活动引导，先"动手操作"一遍甚至几遍整个过程。只有自己亲身体验过，才能真正懂得如何分享给别人。在带领孩子学习这九大能力时，可以按照书中的顺序逐步地多次学习。在熟练使用后，就可以随意选择其中一项能力予以强化，在真实对话中根据情况选择使用相应的能力了。

苏拉说："社会需要清醒和有批判性思维的人去解决问题。这样的人能做出负责任的选择。"我们都希望培养出这样的孩子，把未来世界交付到具备这种品质的人手里。培养过程一定不是一蹴而就的，需要言传身教，让孩子们耳濡目染我们是如何解决问题、化解冲突、做出决定的。和孩子共同体验这本书的技能，也是言传身教的过程。

我诚挚地邀请大家，和我们一起踏上这趟"无错区"旅程，共同实现"让孩子们生活在一个更和善、更慈悲的世界里"的愿景。

李夏

二〇二〇年四月二日于北京家中

李夏，非暴力沟通关系变革教练和培训师，非暴力沟通"无错区"游戏导师，儿童和成人自主学习力教练和培训师，多本国际教育和非暴力沟通书籍的中文译者，美国 Walden University 早期儿童硕士，曾在国际学校教师培训与对外合作交流等领域工作十余年，曾参加过教育部基础教育课程教材发展中心的国际学校认证评估考察项目。

常年躬耕于教育领域，致力支持和陪伴教师、家长、孩子等挖掘与生俱来的慈悲和智慧，支持人们发展和提升沟通力、关系力和学习力。我相信，世界的和平和繁荣昌盛从每个人内在的和平以及能影响到的"三尺范围"内开始。

赞　誉

"无错区"是个非常好的概念。培养学生的探究能力，我们首先需要鼓励学生敢于提出新想法而同时让学生们不用担心被批评或笑话。而当学生各抒己见时，我们又要引导学生如何去积极聆听不同意见，抱着尊重别人的态度，相互学习，共同进步。这本书不仅有理念，而且有很多实操方法，对老师更好地实施核心素养的课堂教学会有很大帮助。

——Search Associates 高级顾问
UWC 世界联合学院
苏州海归人才子女学校总校长　华晓杭

近年来，学前教育得到了全社会的广泛关注，无论是公立幼

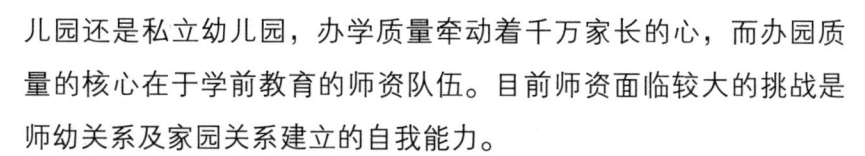

儿园还是私立幼儿园，办学质量牵动着千万家长的心，而办园质量的核心在于学前教育的师资队伍。目前师资面临较大的挑战是师幼关系及家园关系建立的自我能力。

在学前行业，家园关系的信任缺失，师幼互动不畅等均带给老师比较大的情绪压力，这会降低老师对于职业的自我认同感，从而影响对这份职业的热忱。如何支持老师、幼儿、家庭营造安全、合作、和谐的关系？如何帮助老师提升自我认知、提高沟通技能，减少家园冲突、促进合作？《非暴力沟通·"无错区"教室》这本书像是专门为学前教育行业园所管理层和老师量身定制的一个化解、预防和解决冲突最适合的工具用书，相信通过本书工具的运用，会支持园所更好地营造充满尊重、和谐气氛的安全幸福的校园。

——北青人力资源服务商会学前人才专委会会长

知名幼教集团 HRD

校企发展中心总经理　Amy Xia

在尼尔先生创立夏山学校时，他的教育理想就是建立一个孩子民主自治，没有恐惧和压迫的学校，他开了先河。而通过这本书，我看到了这个教育理想在全世界普遍实现的可能性，一个由老师和孩子共同创建的赋能型的教育环境。

作为一个个鲜活的生命个体，老师和学生们需要掌握更多的自我探索、自我理解以及联结他人的方法去彼此支持，而"无错区"游戏就是这样一个理想的工具。

在我担任幼儿园园长期间，我花了很多时间学习和应用非暴力沟通到幼儿园运作和教学中，而我发现"无错区"游戏是最简单、最直接地帮助人们透过自己和他人的行为看到内在需求的工具，我常常运用它来辅导幼儿园的老师和家长们，借由"无错区"游戏，他们会对自己的问题有豁然开朗的感觉。

因此真心希望有更多的老师和家长经由这本书，学习和运用"无错区"游戏，联结自己，联结孩子，共创一个有爱且共同成长的教育环境。

——北京夏山幼儿园前园长　郑祎

这是一本让我激动到失眠，同时倍受鼓舞的书！做家庭教育咨询多年，来访者多是在学校教室里状况百出，与教师、同学、家长冲突不断的孩子和焦虑不安、束手无策的家长……这本书中推广的技能和方法，让我看到了化解教室里的冲突的曙光和希望！

长久以来，在学校教育中，以管教和控制为导向的课程管理方式，终于迈向以沟通技能和自我发展为导向的方式！这是推动学校教育发展的重要里程碑！

——北京市东城区家庭教育文化推广中心　创始人　果海霞

好的沟通方式是双方都舒服，双方都感觉到自己被尊重，既不迁就对方，也不压抑自己。而如何化解冲突、改善关系，是所有人际互动必须面临的功课。《非暴力沟通·"无错区"教室》是师生之间、生生之间练习如何敏感觉察、仔细观察、全心倾听、如实表达的课堂，也是教师通过学习非暴力沟通的思维方式和具体技巧来提升自身专业能力的最佳途径。

——中国教育报家庭教育周刊主编　杨咏梅

在我的语言文学课上，我时常期望学生能够形成"对话式"的文学探究模式，却发现难处不在于学生和文本的互动，而在于他们和身边同伴的合作。那么如何在教室中营造安全、温馨的学习环境，以激发思想的流动？这是一个我时常思考的问题。

《非暴力沟通·"无错区"教室》这本书让我看到了提升学生在教室里的安全感和学习效果的行之有效的方法，那就是非暴力沟通。最让我惊喜的是，这是一本实操性非常强的"指导手册"：从心理学理论到完整一个学年的课程设计，从"理想教室"的班级公约到反映每个学生身心状态的"内在能量板"和"九大能力"的探索和学习。若根据这本书的课程设计在真实的教学中实践，对于师生双方都会是一段奇妙的心灵之旅，我们会对自己的身心状态更有觉察、对彼此的感受和需要更能够同理，并携手成长。我想，这是在一间教室中可以发生的最美好的事情。

——探月学院语文教师、学生导师（教练）　李若辰

有学生跟我说："老师，我跟班上另外一个女生关系不好，我们没法在一个教室上课。"还有学生说："我之前的英语老师总是训斥我们，我特别讨厌她，跟她对着干，所以我的英语现在才这么差。"现在拿到这本《非暴力沟通·"无错区"教室》，像是收获了一个工具箱，所有沟通引起的，团队合作引起的不和谐，都可以

——解决。感谢作者把这些抽象又难以教授的能力清晰地量化成一个"无错区"和九大能力，并提供了21节课的详细教案。帮助老师在课堂中带领学生探寻能让他们终身受益的能力。

——探月学院 Nikki Wei　高中老师

这几年在给教师和家长做培训时，我发现很多家长和老师们虽然有了一些理念，但缺少行之有效的工具支持他们和孩子的沟通，帮助他们了解孩子的感受和需要，从而导致成人和孩子之间的关系越来越疏远，孩子们越来越不会表达自己，有抑郁现象的孩子年龄越来越小了。此书真是"及时雨"，太多想支持孩子们的身心健康全面发展的老师，需要这样一本详尽有效的工具书。此书清晰地示范给大家如何在教室里创建"无错区"，有效支持到老师和学生们创建一个有爱的学习共同体。我坚信此书可以帮助老师和学生们建立生命与生命的连接，滋养彼此的生命。

——宁夏柒望文化创始人　非暴力沟通"无错区"
游戏教练和培训师　张莉

我是作为一名学龄儿童家长接触到"无错区"游戏的，也很幸运可以在家庭教育中使用"无错区"的工具。"无错区"作为非暴力沟通的实用工具，帮助我在家庭中化解冲突，帮助孩子和家人认识到自己的感受和需要。我也一直希望非暴力沟通可以进入校园，帮助学生们认识到这样好的理念、掌握这个方便有效的工具。很开心看到《非暴力沟通·"无错区"教室》的诞生。这本书切实可行、步骤清晰的课程设计，为希望在教室中运用和学习"无错区"的教师提供了有效的支持。我相信，学生们越早接触和使用"无错区"的理念和方法，越能够尽早清晰自己的感受和需求，也就越不容易受到情绪问题的困扰或冲突问题的伤害，在他们进入大学甚至步入社会的时候，也会更加平和、自信、包容，拥有更好的人际关系，以及理解自己和他人的能力。

——大学教师，两位男娃的妈妈　刘鹏

近半年来，"学生跳楼自杀事件"频频刷新各大新闻网站，每一件悲剧都令人细思极恐。心痛震惊之余，整个社会也都在反思如何建立一套行之有效的学生心理健康系统。作为一名二年级学生的家长，我为之深深焦虑。在一次机缘巧合下我接触到了《非暴力沟通·"无错区"教室》，这无疑打开了我人生新世界的大门，让我看到了未来教育的无限光明与希望。在"无错区"里，没有任何评判，在安全与信任的氛围内通过一步一步的活动，让学生进行一场发掘内心能量之旅，从而促进老师与学生的有效沟通，发展出学生预防冲突以及和平解决冲突的技能。如果"无错区"的理念和方法能够被中国学校引进，那么为学生打造出安全、尊重、高质量的校园生活也就指日可待了。

——俩娃在双语国际学校的全职妈妈　王璐

如果你是一名学习过非暴力沟通的老师，本书能够帮助你经由"无错区"这一媒介，更好地将理论与实践相结合，提升你在教育教学中运用非暴力沟通的能力，帮助你与学生之间搭建一座具有高品质联结的桥梁；如果你对非暴力沟通的了解不多，但是，你希望与学生之间拥有更和谐、更亲密的关系，这本书能从教育理念与实践路径两个维度，帮助你向着你希望的师生关系迈进。

——运用非暴力沟通，从教 13 年的小学教师　刘艳滨

　　当我学习了非暴力沟通之后，我跟家人相处的状态发生了很大的改变。当发生矛盾时，如果我用非暴力沟通的方式说出自己行为背后的感受，就好像有魔力一样，对方一下子就能理解我，哪怕是我 7 岁的儿子。在潜移默化中，我的先生、孩子竟然也开始运用非暴力沟通的方式了！这让我感觉很神奇，虽然我还需要不断练习，但是只要我愿意并且真正去做非暴力沟通，在我的家中沟通真的变得越来越有效，互相理解也不再遥不可及！所以我由衷地希望，不只是我们的家庭，我们的学校和老师们也都能有机会通过这本《非暴力沟通·"无错区"教室》收获这份非暴力沟通带来的力量！

——国际学校二年级家长　榕榕

致 谢

感谢已故好友卡洛琳·荷莉（Caroline Hawley），作为心灵治疗师，她让我们和非暴力沟通相遇。

感谢马歇尔·B. 卢森堡（Marshall B. Rosenberg）博士，作为国际和平的缔造者和非暴力沟通的创始人，他让我们对世界和平和可持续发展抱有希望并深受鼓舞。

感谢编辑琪拉·弗利思塔（Kyra Freestar）为本书的语言文字和内容结构所贡献的力量。她整合我们想传递的信息，与我们形成了充满乐趣、高效和合作的伙伴关系。

感谢家人和朋友对我们的工作所给予的持续支持。特别要感谢史丹·哈德森（Stan Hodson），他为我们制作美食鼓励我们，对我们的工作始终抱有巨大的愿景，并向我们积极分享他的经验。

最后要感谢我们的孩子布莱恩（Brian）、凯拉（Kyra）、玛丽艾卡（Marieka），他们让我们敞开心扉去探索那奇妙的、不可或缺的内在旅程。

> 建立永久的和平是教育的职责；政治所能做的只是使我们远离战争。
> ——玛丽亚·蒙特梭利
> （Maria Montessori）

前　言

教室里的冲突和情绪压力所带来的问题已经大大降低了学生的学习成效。教育工作者如果想改善这种现象，就要使老师和学生具备相关技能，来营造安全、合作的学习氛围。

提升自我认知、提高沟通技能，将有效减少冲突、促进合作。这样一来，学生们花在学习上的时间也会大幅增加。本书将为老师和学生提供这些技能。

"无错区"教室致力预防和解决冲突

无论你是希望营造充满尊重和谐气氛的教室和学校，使其成为和平及可持续发展的世界的缩影及训练场，还是希望学生们在教室和学校能有足够的安全感，从而让他们可以全身心地投入学

前言

习和探索中，或者两者兼而有之，这本书都会为你提供方法。

学生在教室里能否感到身心安全确实会影响到其对学习的全情投入程度。蒙特梭利教育创始人玛丽亚·蒙特梭利、脑神经科学家麦克兰（Paul MacLean）、事实治疗法创始人格拉瑟（William Glasser）、美国教育改革领导者约翰·霍特（John Holt）、知名儿童教育家皮尔斯（Joseph Chilton Pearce）、关怀伦理创始人内尔·诺丁斯、精神科教授西格（Daniel Siegel）、知名神经心理学家舒尔（Allan N. Schore）、反对传统教养的美国教育家科恩（Alfie Kohn）和《情商》作者丹尼尔·戈尔曼（Daniel Goleman）等人的工作成果在过去十年里相互交融，帮助人们认识到，情绪紧张的环境威胁着儿童的安全感和幸福感，所以不利于学习。尽管在脑科学、心理学、医学和教育领域不断有新的研究发现，老师们却只能看着学生在课堂上的不满、抗拒和冲突日益增多——所有这些都反映了学生对所处环境恐惧、感觉有压力以及缺乏安全感。

校园枪击事件频发、青少年自杀比例上升，这些令人心碎的悲剧都在向我们传达一个信息——现在的青少年早已长期被情绪压力所笼罩。

导致学生（也包括老师）压力增加的一个重要因素是，数十年来，校方一直鼓吹以管教和控制为导向的课程管理方式，并为此投入经费，而非支持以人际沟通和自我发展为导向的方式。

一直以来，教育者对学生行为的管理都远胜于对人际关系智能的培养。旨在培养学生人际关系智能的项目不以监控、惩罚和奖励学生为手段，而意在帮助老师发展技能，以期与学生建立连接，明确学生的需要，并帮助学生找到满足需要的方法。老师还会举办讨论会，学生们可以在讨论会上表达他们的担忧，并学习如何倾听和清晰地表达自己内心的真实想法。

我们相信，老师（和家长）从青少年身上看到的高度焦虑和压力表明，用纪律约束学生行为的方式已经过时，我们已经进入培养人际关系智能的时代。现有的政策产生了高昂的代价，逃学、留校察看、退学、辍学和高中无法毕业的学生正日益增加。本书将提供一套方法，这套方法可用于：培养学生为自己的学习承担责任的习惯；帮助学生明确和满足自己的需要；帮助学生识别他人的需要和帮助他人满足需要；与学生诚实和有效地沟通；让学生就与他们切身相关的政策制定和实施提出建设性的意见。为了实现这些目标，我们需要更多人的加入和贡献。我们相信，若整个国家都用发展人际关系智能的努力取代对行为的管教，并辅以各种不同的教学实践，学生们在课堂上的不满、抵制和冲突就会大幅减少，而学生积极学习的热情和愿望将得到前所未有的提升。

几十年来，人们进行了许多试验来探索如何在教室和学校构建和谐关系，以满足学习共同体中所有成员的需要。而在过去的几年里，传统制度引发的压力已经让人忍无可忍，导致这种试验的数量急剧增加。令我们备受鼓舞的是，更多的教育工作者坚持照顾学生的实际需要，而不是把时间花在标准化考试和执行制度上，因为这些考试和制度显然无法打造人人都想要的安全、互相尊重、高质量的学校。一旦身体安全、情绪安全和幸福感等基本需要得到满足，学生们就可以将注意力转向学习，并充分投入到

我们应该从教育成果中得到更多的东西，而不仅仅是足够好的学习成绩，除非孩子们相信他们自己得到了关爱，并学会关爱他人，否则我们连好的学习成绩都无法取得。

——内尔·诺丁斯（Nel Noddings）

学习中——毕竟，在支持性环境中，这是人类与生俱来就喜欢做的事情。我们的前一本书《教室里的非暴力沟通》（华夏出版社，2015年出版）是为了向老师介绍最初由马歇尔·卢森堡博士创立的非暴力沟通，为非暴力沟通在教室里的应用奠定基础。该书出版之后，很多教师表示他们希望将《教室里的非暴力沟通》所介绍的知识和宝贵的沟通技能一步步地、系统地形成教学计划。为响应这些请求，我们写下了这本书。

本书是教师创建"无错区"教室的指导手册。创建"无错区"教室不仅仅是教学生解决冲突的过程。它的目标是营造和谐的教室氛围，使学生真正有兴趣和能力去关心每个人的健康和幸福，并构建一个相互尊重和乐于合作的学习共同体。同时，学生也将发展出解决问题和化解冲突的有效方法，这将使冲突的数量大幅减少。

如果创建"无错区"教室培养人际关系智能，彻底改变课堂氛围并带给学生深远影响的愿景让你倍感鼓舞，那么也请了解这一课程需要老师的全情投入：认真做好前期准备，奠定良好的基础并指导整个班级进行构建。接下来的课程简介（包括各部分说明、材料清单和课程单元）将有助于您了解本书的内容。

"无错区"教室课程

"无错区"教室课程由三个部分组成：

第一部分　前期准备 奠定基础

第二部分　制作材料

第三部分　创建"无错区"教室

第一部分　前期准备 奠定基础

前期准备：老师的探索活动。在进入课程主题前，我们邀请老师做几个热身活动。第一部分的活动包括了解冲突的概念、起因以及对教学的影响；老师掌握如何使用他们的权力在课堂上与学生进行合作，发现自己行为背后的动机。

奠定基础：班级会议。在介绍"无错区"教室课程前，老师需要利用两次班会的时间，帮助学生建立安全感和相互信任感。在第一次班会上，老师和学生分享他们想要营造的教室的景象，同时聆听学生们喜欢并愿意为之贡献力量的教室是什么样的。老师和学生共同构建出包容的、令人鼓舞的、有动力的集体愿景。

在第二次班会上，老师带领学生讨论如何建立一个身心安全的学习环境。这次讨论要将班级公约制定得满足每个人对安全感、信任、尊重和学习的需要。这个班级公约不是一成不变的规则，而是全学年都可以适时地予以讨论和修订的。

第二部分　制作材料

"无错区"教室是一门有丰富材料的课程。在18个单元中，学生们将制作整个学年的材料。第二部分提供了制作材料的模板、蓝图和说明。

> 一个人无法改变整个世界，但如果我能教会人们把他们的手放在我的手上，逐渐地就会有更多的手加入。也许我们可以由此创造一个崭新的世界。
> ——法利兹·卡勒（Farliz Calle，15岁时即成为哥伦比亚儿童和平运动领导人，获1998年诺贝尔和平奖提名）

主要的材料是内在能量板（Internal Operating System Power Panel）和三套卡片。内在能量板是复杂的内心世界的视觉呈现。卡片会让学生们熟悉自己的各种需要和感受，并使他们知道在每一种情境下都是有选择的。不管是在有冲突的情况下还是在无冲突的情况下，学生们都可以通过内在能量板和卡片，确定内在运作系统关注的感受和需要，明白他们有哪些选择以及他们想要做出的选择。

通过互相交换位置查看每个人放在内在能量板上的卡片，教室里的所有成员也可以看到他人的内心世界。这是了解冲突根源的有效方法。随后，对话的核心将转向寻找满足需要的策略，而不是找出谁对谁错。

总之，在接下来的一学年里，这些工具将支持你持续学习"无错区"教室课程，因此，我们建议你仔细考虑如何以最轻松和最享受的状态制作材料。

请阅读第二部分的详细内容说明，了解课程内容的重点，也请参考用于创建"无错区"教室时布置标语和告示的辅助材料清单。

第三部分　创建"无错区"教室

"无错区"教室课程共包括21节课，每节课大约一个小时。前两节课是在第一部分里讨论过的班会，老师和学生会共同制定班级愿景和公约，以营造安全和信任的氛围。对"无错区"的介绍会指导学生制作课程的主要工具之一——内在能量板。其余18个课程单元中每两个单元为一个模块，用于探索人类的九大能力（下文将

> 当我们知道所有人的行为都是在尝试满足自己的需要时，我们就不再有敌人。
> ——马歇尔·卢森堡

更详细地讨论）。

这套课程设计的理念是，从新学年开学开始，花大约 11 个星期的时间，前两周举行两次班会并介绍"无错区"，剩下的 18 个单元依照每周两个单元来进行。当一个班级完成了"无错区"教室的课程后，学生和老师都将习得有效沟通、避免冲突以及和平解决冲突的技能，这些技能可以在学年剩余的时间和以后的日子里不断练习和使用。

"无错区"介绍

"无错区"介绍是一小时的手工活动。在手工活动过程中，学生们要制作他们将要使用的主要工具之一——内在能量板。他们还会认识居住在"无错区"的一对 16 岁的双胞胎姐弟——娜欧和米奇，他们是这次心灵旅行的向导。

在这次活动和接下来的 18 个课程单元里，双胞胎会分享"无错区"的内容。他们通过一步一步的活动，让学生探索和学习深邃的人类内在运作系统。这个精密的网络包含通常还是未知的、尚未开发的能力，我们称其为"九大能力"。这些能力与想法、感受、需要、观察和决定密不可分。本书旨在发掘这些能力，促进老师和学生有效沟通、避免冲突以及拓展和平解决冲突的选择。当老师和学生在课程中共同工作时，他们有权作出有利于自己和他人幸福的选择。

以下就是在课程中将要开发的九大能力：

- 进入平静警觉的能力
- 了解需要的能力

前言

- 满足需要的能力
- 觉察感受的能力
- 观察的能力
- 倾听的能力
- 在"错误区"航行的能力
- 合作解决问题和化解冲突的能力
- 随时随地创建"无错区"的能力

探索活动：18个单元的九大能力

18个单元中每个单元的活动大约需要60分钟。每个单元都有双胞胎的对话（来自"无错区"的分享）、知识小百科和讯息。这些信息介绍了各单元会涉及的概念，并创建了应用场景。学生自愿轮流朗读双胞胎的对话、知识小百科和讯息。双胞胎提供的具体步骤向老师和学生展示了如何获得、理解和发展这9种基本的人类能力。

除了双胞胎的对话、知识小百科和讯息外，每个单元还有其他活动，老师和学生可以借此共同探索内在运作系统的能力，实践发展能力的技能。活动包括阅读、写作、讨论、绘画、角色扮演和制作材料等。

各单元活动包括以下内容：

探索活动： 指导老师和学生，对该单元介绍的概念进行探索，练习相关技能。

支持性活动： 这些都是简短的活动，目的是支持该单元的技能发展，并复习和练习在前几个单元中介绍过的技能。支持性活动可以在一周内自行安排。

延伸活动：在一些单元中，提供了学习和发展其他技能的可选活动，教师可以选择在一周内留出时间实践这些活动。

与其他课程的结合：提供将该单元介绍的具体概念和技能应用于其他学科领域的建议。

本课程对语文、历史和社会学课程的支持。当学生们激活并练习每一种能力时，他们就可以将新的意识应用到其他的课堂学习中。他们将发展对文学和历史人物的感受、需要、想法和动机的洞察。他们将能更清楚地明了人际关系发生冲突的原因，而这些冲突往往是文学创作中戏剧性的焦点。同样，在历史长河中，这些冲突也曾发生在群体和国家之间。因此，这些学科将以新的、引人入胜的方式变得生动起来。

本课程将有助于科学课的学习。双胞胎邀请老师和学生开始内在旅程时，要先抛开先入为主的想法，就好像要进行一场试验性的探索。学生和老师被邀请尝试、思考、观察、记录结果，并对所经历的和学习到的进行严格的评价。

本课程将支持阅读计划。每个单元都为学生提供了要阅读的脚本来介绍新概念。此外，学生志愿者还会轮流在每个单元扮演双胞胎，朗读他们的对话。（老师们也要读老师的脚本，但如果想获得更多意义和乐趣，也可以用自己的语言陈述脚本。）

最重要的是，双胞胎希望这旅程对每个人来说都是愉快的，也鼓励老师以充满乐趣的方式来进行探索，同时学以致用，将所学应用于不同的学科中。

处理冲突的技能可以成为积极自由的强有力工具，学生们能够运用该技能更好地解决自己的问题，并有效地为自己的利益发声。
——凯西·比克莫尔（Kathy Bickmore）

探索内在空间所需条件

本课程的设计是为了在双胞胎的支持下，配合探索活动和材料，让老师和学生从内在维度，共同探索内在运作系统。老师被邀请与学生成为共同的探索者，而不是专家。老师也不需要事先了解九大能力的相关知识，即课程中讲授的沟通技能和策略。不过，如果老师可以考虑到以下几点，可能会更好地达到预期：

- 放下成见
- 乐意亲自验证事实（而不是简单地拒绝或相信双胞胎所说的内容）
- 具有观察的能力（该能力贯穿于每个单元中，特别是在能力5："观察的能力"中）
- 保有好奇心（希望随着单元内容的推进而得到培养和增强）

创建一个"无错区"教室，和其他值得努力的事情一样，需要全身心投入、认真准备、充满热情和持之以恒地努力。如果你选择投入精力在这门课程中，我们猜想，你会为你和学生共同创造的课堂环境而喜出望外。

我们也期待在你和学生探索人类内在运作系统的九大能力的过程中，会发现很多乐趣和知识。我们相信，内在空间的探索维度与我们的世界同样广阔。我们也相信，那些愿意踏上这场内在旅程的人，将发展和重塑很多能力。这不仅有助于打造欣欣向荣的课堂，还能促进创造更加和平、可持续发展的世界。

我们希望你不要简单地拒绝或者相信它，而是希望你能和你的学生一起，用眼睛、心灵和思想去探索。

祝你们旅程愉快！

进度跟踪

对于有兴趣看看这个项目对学生在互动、合作和参与等方面的影响的老师，附录1提供了观察记录表。这个记录表可以在开始计划前帮助你们建立一个行为的观察基准，并在课程开始后，每4~6周进行一次进度检查。

Section I
前期准备 奠定基础

在接下来的学年里，希望你和你的学生们都能享受策划和创建"无错区"教室的过程。彼此协作探索、共同设计活动，将有助于构建人人共享的学习环境。因此，在初始阶段，多花一些时间打好基础是非常值得的。

我们鼓励你在开启单元设计前，花些时间完成以下事项，这将为打造"无错区"教室奠定更加稳固的基础。

- 审视自己当前对冲突的态度。
- 检视目前班级的管理风格及其所反映出的有关如何使用老师权力的观念。
- 展望自己关于理想教室的愿景。

○ 把你的愿景分享给学生，并聆听他们关于理想教室的设想。
○ 和学生共建教室里的班级公约。

创建"无错区"教室的前期准备

首先，请你审视当下自己对权力、冲突、班级管理的态度和想法，这样，在与学生们共同踏上探索之旅后，你将会发现带入了哪些自己原有的态度和想法。

··对冲突的反思··

找一个空闲的时候，跟随引导，思考以下问题：冲突对你意味着什么？冲突的起因是什么以及它对教学有何影响？对于如何预防、减少和化解冲突，你现在有哪些想法？

在你完成反思后，我们也将就同样的问题与你分享我们的答案。

▍教师探索▍

写下你对冲突的理解：它的概念、起因、影响以及预防、减少和化解它的方法。

冲突是什么？

权力有两种：一种来自对惩罚的恐惧，另一种来自爱。基于爱的权力比源于恐惧惩罚的权力会更有效、更持久。

——圣雄甘地（Mahatma Gandhi）

冲突的起因是什么？

冲突对教学有哪些影响？

> 惩罚会抹杀善意、伤害自尊，使我们的注意力从行动的内在价值转移到外部后果上。
> ——马歇尔·卢森堡

如何预防、减少和化解冲突？

以下是我们对上述问题的回应。

冲突是什么？

我们先来看看"冲突"在词典中的定义。在《韦氏词典》中"冲突"是这样定义的："因为对彼此的需要、动机或者愿望作出相互对立的判断，而引发的竞争或对抗行为。"

英文单词 conflict 中的 con- 就是 com-，表示"共同的"；词根 fligare 意味着出击。简而言之，冲突就好像在争斗或战争中那样

"共同出击"。

一个简单的事件可能是一个相对容易解决的小问题，也可能会成为引发争斗的导火索。比如特丽莎打了阿尔弗雷多，尤力克抢了瑞恩的铅笔不还，珍妮这周已经是第三次没交作业了，针对这些情形，是什么决定了接下来会是争吵还是打架呢？

从行为学的角度来看，如果他们之间互相批评、指责或进行人身攻击，那么冲突将不可避免。这时任何指责攻击的言行都是火上浇油，只能将特丽莎和阿尔弗雷多、尤力克和瑞恩、珍妮和老师推向战斗区。

当冲突发生时，老师和管理人员在问责惩罚之前，骂人、打人、批评、指责常常是他们看到和听到的全部。然而，冲突是一个复杂的动态过程，其背后有着更深层的原因。如果老师愿意了解学生为什么会互相攻击、动手打架、相互批评指责，就会发现冲突产生的真实原因，这样就可以对症下药，并为寻求新的创造性解决方案做好准备，而这比控制和打压要好得多。

冲突的起因是什么？

我们还是从《韦氏词典》中关于"冲突"的定义说起，"因为对彼此的需要、动机或者愿望作出相互对立的判断，而引发的竞争或对抗行为"。

设身处地地想，如果我们觉得自己的需要、动机和愿望都无人在意，需要永远也得不到满足，我们就会觉得自己陷入了危险的境地并感到害怕。这是人类的自然反应，是不受意识控制的，我们的自我保护机制会开始运作，此时所释放的压力荷尔蒙也使大脑的理性思考区域处于关闭状态，取而代之的就是简单的、二元式的、非黑即白的思维模式："我是对的，你是错的"；"你该受到指责"。总之，"你"是敌人。

　　战斗、逃跑、发呆

　　当我们身处危险之中时，不论是真实发生的还是假想中的，我们的本能反应就是战斗、逃跑或僵住：我们会猛烈抨击（打人、尖叫、指责），或者尝试逃离（说谎、自责、远离），或者在原地发呆（退缩、哭泣、发抖）。而这些反应又将引发旁人一连串的评判、惩罚式回应，因为他们同样也处于压力之下。随着这种对话的逐步升级，本来能使问题得以解决的相互理解和理性思考也被抛到了九霄云外。

　　用惯有的方式来面对冲突——找出是谁的错并对其实施惩罚，只会让恐惧和怨恨郁积，冲突很快就会再次爆发。

　　就像我们看到的那样，冲突的根源是我们产生了这样的想法或判断"我的需要是无法得到满足的"。所有冲突都源于此。这个念头也激发了恐惧，从而启动了保护防御机制，引发了冲突并不断为冲突供给燃料。

　　冲突对教学有哪些影响？

　　情绪安全是学习的先决条件。在冲突的压力情绪下，大脑的学习区域也处于关闭状态。人若被压力和恐惧困扰，是不可能专注于需要推理、注意力、创造力的任务，完成时间表上的

> 心之所向即眼睛之所见。
> ——穆罕默德·尤努斯〔Muhammad Yunus，孟加拉乡村银行（Grameen Bank）创始人、2006年诺贝尔和平奖得主〕

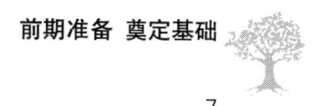

安排的。

如何预防、减少和化解冲突？

为了预防、减少和化解冲突，我们需要建立学习共同体。在这里，所有的师生都确信他们每一个人的需要都会得到满足。一旦我们确认我们的需要可以得到重视，并且其他人会尝试理解并满足它们，我们就不大可能感到危险甚至启动恐惧应对模式。我们将没有什么理由进入自我防御的状态。

除了每一个人都确知大家的需要同等重要以外，学习共同体里的所有成员还需要清晰地了解自己内在的想法、感受、需要和选择，这样才能整理自己复杂的情绪，识别需要，清晰表达需要，寻求策略满足需要，并协助他人完成同样的过程。在这样的学习共同体中，解决问题比产生冲突更为常见。当我们用心地工作以满足每个人的需要时，冲突就会化解。

··审视班级管理风格··

创建"无错区"教室的前期准备中，有一项是对目前你管理班级所采取的政策和惯常做法作出评估。以下是我们见过的几种班级管理方法。

专制型管理强调规则以及对权威的尊敬和服从。任何与期待不符的行为，都会让施事者受到威胁、诱惑、奖赏或惩罚。管理者和老师是对与错的判定者，要求和命令是习以为常的管教方式。学生们服从是出于对于不服从的后果的恐惧，而他们的需要并不会得到重视。

专制型管理带来的结果是不敬、反抗、退缩、叛逆、冲突，这些每天都会在教室里频繁上演。

放任型管理与专制型管理不同，它的策略强调要满足学生自由表达和选择的需要。使用放任型管理方法的老师常常会忽略自己的需要，最终导致学生失控、老师心力交瘁，老师最终不得不又重新回过头来借助于专制型管理方法来重建秩序和平衡。这样摇摆不定的管理方法会造成教室的混乱，学生们也会产生对老师的不敬、反抗或依赖。

权威型管理在明确的固定框架下为学生提供部分选择，老师指导和协助学生学习。老师会展示如何达成好的结果，且学生们知道他们自己会掌控这其中的部分结果。权威型管理强调一致性、高度表现力、对成年人期待的符合度，以及与成人的规则和结果的一致性，也为学生提供了独立学习的机会。但管理者和老师仍然是目标、规则和奖惩标准的主要制定者，学生的需要无法都顾及。结果是：这种方法虽然比专制型管理柔和一些，但依然要依靠外在的诱因和奖惩手段来管理学生的行为。在权威型管理下，只有那些能达到期待的学生才能茁壮成长。

关系型管理强调老师和学生的需要同等重要，并尝试寻求办法去了解、满足这些需要。师生一起学习和实践协同决策和制定目标，学习和使用关系型对话以促成合作。学生们乐于合作是因为他们意识到自己的贡献是有价值的。强制力只有在需要维护学习共同体的共同价值时才会使用。对于一些学生而言，即使他们的行为与

和平不能靠武力维持。和平只有被理解了才能长久。

——爱因斯坦（Albert Einstein）

共同体已达成共识的共同价值观不符，他们也不会受到评判、指责和惩罚；相反，老师会尝试看到其行为背后的需要并试着满足它。这样会让师生相互尊重、关心、真诚合作，使学生专注于学习。

"无错区"教室课程将带领老师循序渐进地发展出关系型管理模式。

班级管理风格：

专制型	放任型	权威型	关系型
强调规则以及对权威的尊敬和服从	让学生自由表达和选择，重视学生的需要	强调高度表现力、一致性、条理性、学生选择	同等地重视老师和学生的需要
老师制定规则	学生制定规则	老师制定规则	共同制定目标
老师做出决定	学生做出决定	老师做出决定	共同做出决定
使用强制性惩罚来要求和命令	在使用强制力进行惩罚和保护的摇摆中对话和提出要求	使用柔和的惩罚性强制力进行对话	强制力只用于实施保护
推行惩罚性管教而使学生对老师有所恐惧	提倡自由，很少甚至没有管教	借助外力达成自律	培养自信心和自我约束能力

在教室使用权力的两种方式

以下两种管理方法分别代表了两种不同的使用权力的方式：一种是在专制型管理中常见的强权型管理；一种是关系型管理中的赋权型管理。

老师与学生每时每刻的互动都是以强权或者赋权为基础的。接下来会列举强权型和赋权型的一些言语表达，看看你自己经常用到了哪些呢？

强权型表达

- 你必须马上就去做，否则……
- 不要让我再说一次！
- 照我说的做！
- 我知道这对你来说既无聊又不重要，但是你必须做。
- 你还想让我说几遍？
- 如果你再这样和我说话，我就把你送到教导处！

你是否发现自己：

- 在说教？
- 在给建议？
- 在争论？
- 在分析？

你是否听到自己：

- 在提要求？
- 在命令？

你是否听到自己在使用以下用语或者相似的用语：

- 你不得不？

处理分歧的方法有三种：控制、妥协和融合。控制只能让一方得到他想要的东西；妥协让双方都得不到各自己想要的东西；融合让我们都能得到各自想要的东西。

——玛丽·帕克·芙丽特（Mary Parker Follett）

- 你必须？
- 你当然？
- 你应该？

赋权型表达

- 我希望可以找到一个可以服务于每一个人的解决方案。
- 我们能一起工作，我很开心。
- 我很想知道你听到这些感觉怎么样？
- 我真的很想知道你现在有什么需要？
- 你愿不愿意_____？
- 我很希望你能帮助我理解你。
- 我很想知道，听我这样说，你现在感觉如何？
- 我想让你了解，在目前的处境下，有哪些不能帮助到我。
- 我想让你了解，在目前的处境下，怎么做会帮助到我。

无论在冲突中还是其他情形下，对班级进行关系型管理的老师都会遵循以下的原则：

- 我希望我们可以集思广益，寻求策略和解决方案来满足所有人。
- 我乐意和你们一起探索这些方法。

决定用赋权的方式来与学生相处的老师，就不会再担心听到学生的意见。事实上，这样的表达是很受老师欢迎的。倾听并不是为

了要倾听者对诉说者所诉说的内容做出同意或者不同意的回答，通常那只是一个对话的开始，让我们有机会找到问题和冲突的根源。

不论你是在营造强权型还是赋权型的教室氛围，你的学生都会从你的一言一行中学习如何解决问题和冲突。他们会在与同学和朋友相处时选择运用你的战术；他们还会把你的这些战术带回家，把它们作为与兄弟姐妹相处的基础，甚至作为自己未来人际交往的原则。

赋权 = 真正的合作

我们在很多场合都听到老师们迫切地希望在教室中和学生合作。然而，使用强权型方式管理班级的老师通常不能与学生达成合作，因为他们忘记了"合作"本身所蕴含的就是需要和学生建立共同努力的关系。他们认为学生只有按老师说的做才是合作，一旦学生的行为不是他们所期待的，就会被视为"不合作"，学生甚至会因行为不端而被送到校长那里接受惩罚，然后他们会通过一些奖励和刺激让学生们听话。

英文单词 *co-operation* 中的 *co-* 是"合，共同"的意思，*oper-* 意味着"工作"，二者合起来就是"合作"的意思。真正的合作是不能强求的。如果在做决定、设定目标、解决问题的时候老师和学生无法相互协作，自然而然地就会出现恐惧、对抗、争执、感情伤害、僵持不下或者其他形式的冲突等后果，最后还是要依靠奖惩来处理问题。

人际关系的一个基本规律是：把"共同"挡在教室外的老师注定要承受这种缺损带来的后果。如果教室里缺少合作，老师就要依靠奖惩和激励来化解冲突，而这样会制造更多的冲突，然后需

> 权力不是一些人胁迫别人时创造的，而是人们自愿采取行动支持一个共同的目标时创造的。权力不仅与人类的行动能力相对应，还与人类协调行动的能力相对应。
> ——汉娜·阿伦特（Hannah Arendt）

要施以更多的奖惩和激励，就这样陷入了恶性循环。如果你不愿意与学生合作，学生也就不会愿意配合你。

反之，如果你愿意和学生合作，你就会发现学生也很乐意配合你。研究表明，合作是人类的天性，是物种生存进化的必要条件。与他人合作来达成共同的目标和愿景，会令人心生愉悦。所以，我们无须教这些年轻人如何合作，只需示范如何与他们合作，并给他们足够的机会，去享受彼此合作的努力，而这些对他们是有意义的。合作意味着：和其他人共享权力，让每一个人都得到成长的力量。

··你理想中的教室是什么样子··

对你理想中的教室有一个设想，将会为你打造"无错区"教室奠定更加稳固的基础。清晰的愿景会让你在教学中更好地感知和传达你的目标，能够帮助你选择最有助于实现愿景的教学方法和材料。

思考这两点：你是否希望学生按照你的时间要求和指定方式完成他们的功课？你是否希望学生按照你制定的规则行事？请仔细思考。如果这就是你想要的，就意味着你选择了要花大量的时间去看谁有不当行为，记下来，通知他们的父母，把他们赶出教室；在黑板上记下他们的名字，如果他们又违反了纪律，就在他们的名字旁边记上一笔，再决定怎样适度地惩罚。除此之外，你的另一部分主要精力将会放在那些爱抱怨、爱说话、爱欺负同学、爱搬弄是非、喜欢和你对着干的学生身上。

如果你愿意把注意力放在和学生建立连接上，关注与他们之间的关系，努力发现他们行为背后的良好动机，那么你就只用花费很少的时间在上述问题上，从而有更多的时间和学生们一起享受富有成效的生活和学习。

《教学的勇气》(The Courage to Teach)的作者帕默尔(Parker Palmer)曾经请世界各地的学生描述他们心目中的好老师是什么样的。他发现所有人眼中的好老师都有建立连接的能力，他们能运用这种能力来建立他们自己和学生的连接，学生之间的连接，以及学生和学习内容的连接。帕默尔在《教学的勇气》中指出："好的老师所建立的这些连接不在方法本身，而在于他们的心；心是一切智力、情感、精神和愿望的交汇点。"

你的愿景就是你的北极星。精心拓展这个愿景，并找到尽可能多的方法和实践来校准它。

以下两段是老师们写下的对理想教室的简要描述：

我对教室的愿景是每个人的需要都得到重视，每个人都享受学习的过程，我们一起学着平和地化解冲突。

我的愿景是营造一个让学生们身心安全的学习环境，他们在这里可以找到归属感，他们的需要得到重视，他们的天赋、才能和想法都会得到接纳和祝福，他们可以在学习中不断成长。

大胆地设想一下：你真正想要的理想中的教室是什么样子？有怎样的空间？怎样对待学习？你和学生们会有怎样的互动？学生之间会怎样互动呢？

我的愿景：

夯实"无错区"教室基础

深思熟虑之后,要开始为"无错区"教室奠定基础了。我们建议你在介绍"无错区"和"无错区"教室的全部课程单元之前,从以下两次班会开始入手。

··第一次班会:共筑教室愿景··

如果你愿意花时间向学生说明你要打造的理想中的教室是什么样子,并与他们达成共识,他们就会清晰地感受到自己的需要和想法是可以得到重视的;他们将会意识到,自己的积极参与是对班级不可或缺的贡献,这完全不同于被动地接受指令和要求。这个有力的信息将鼓励学生们更有兴致地参与到学习共同体中。

在第一次班会中,向学生介绍你期待的教室会带来的价值,并请学生们表达自己的观点,谈谈教室愿景如何为他们服务。我们看到这是有帮助的:一个共同的愿景明确了你想要为自己或他人达成什么目标,并指导你的行为向着愿景推进。接下来你和学生们会用整个学年的时间来打造你们的教室,因此,在一开始就和学生分享你的期待和需要是非常重要的,这样的沟通也将在未来的一年持续下去。

共筑愿景不可能一蹴而就,所以请留出足够的时间。第一次班会也可以在开学的第一周和第二周分几次来进行。这是营造"无错区"教室不可或缺的环节,希望你可以优先安排,预留出充足的时间来和学生交流。

> 让我们感到不安的不是发生在我们身上的事情，而是我们对所发生的事情的判断。
> ——爱比克泰德（Epictetus）

目　　标：和学生分享你对教室的愿景，并请学生也说说他们愿意在怎样的教室度过每一天；构建可以涵盖每一个人的愿景的教室；让每一个身处其中的人都能感受到归属感；将讨论聚焦在接下来的学年要构建的班级氛围这个话题上；聆听每一个学生的心愿。

材料准备：老师写下愿景的笔记、白板纸、彩色铅笔和记号笔。

步　　骤：

1. 将你记录下来的愿景笔记，作为打造"无错区"教室的基础，和学生分享，并请他们发表任何关于此愿景的疑问。

2. 引导学生，通过头脑风暴，明晰他们对理想教室的愿景。可以请他们闭上眼睛，在脑海中描绘一下一个惬意的学习环境是什么样子的：在那里，你会发现什么？那里会发生什么？每天早上你走在里面会有什么感觉呢？

3. 想象结束后，给每一个学生发一张纸，请他们列出关于教室愿景的内容。可以列出条目，可以画一幅画、写一首诗、做剪贴报，任何形式都可以。

4. 学生完成上一步后，邀请那些自告奋勇的学生来分享展示他们的作品并分享他们心中期待的教室的样子。

5. 老师收集所有的作品，做成剪贴报或者曼陀罗式海报，张贴在教室的墙上。

6. 把这张海报的照片放进班级公约（见第二次班会）。这样，海报摘下来以后还有留存的照片作为参考。（请务必保留一份教室愿景的海报，因为在整个课程实施中以及最后的几个活动单元，都会用到它。）

··第二次班会：制定班级公约··

通常，在传统的班级中，班级公约和规则都是由老师单方面制定的。学生们并不真正参与制定，也不会思考太多。他们只是对规则说"是"，然后在"违反规则"时接受惩罚。

在以关系为基础的"无错区"教室里，班级公约是服务于我们的愿景的。当所有的师生对营造一个安全的学习环境达成了共识时，学生们也就知道了一个事实：他们每一个人的需要都会得到重视；每个人都可以就如何制定规则发表自己的意见。学生参与制定自己认为安全的规则，将鼓励学生表达需要，为自己的行为负责，勇于冒险（试错）。大家将合力创造一个有归属感、能享受学习的快乐的氛围。

目　　标：营造一个让学生们积极参与学习的环境；人人都得到尊重，身心都感到安全；达成约定的过程中每一个人都积极参与并乐于尝试；告知大家所有的约定都是灵活的，所以实施时若发现行不通，可以重新审视和改进；为了真正达成共识，每个人都愿意承担责任。

材料准备：事先准备好一张大幅白板纸，在中心画一个大圈（见本书第 21 页图）；另外须准备记号笔和可供罗列建议的空白白板纸。

步　　骤：

1. 向学生说明，希望每个人在班级里都是安全的。分享这个理念的科学依据：身心安全是学习的必要条件。从科学的角度用学生们能理解的方式来分享这些内容。
2. 把准备好的白板纸贴在显眼的地方，让每个人都能看到。
3. 带领学生讨论身体安全的需要。问问他们：什么行为在教室里是不安全的？在白板纸左侧的空白处写下他们的答案，或者邀请志愿者上来书写。
4. 接着探讨情绪安全。问问他们：什么行为不能让大家感受到情绪安全？在白板纸右侧的空白处写下他们的答案；同样可以邀请志愿者来书写。
5. 现在学生们可能开始对白板纸上的圆圈感到好奇：那是做什么用的呢？这正是和学生们讨论如何建立班级公约以满足安全感、信任和尊重的好时机。你要在一开始就向学生说明建立班级公约的目的，并在接下来的学年里不断地进行回顾。以下是我们所看到的班级公约的价值所在：建立共同参与机制和责任感；凝聚班级愿景；为安全感、信任和尊重建立准则，使更高效的学习得以发生。
6. 问学生：他们希望哪些行为列入班级公约？请他们提出建议，并帮助他们尽可能提出明确的可执行的请求。如果有学生说"我希望大家可以尊重我"，那么你可以问他："你希望大家同意做什么来满足你对尊重的需要呢？"具体可执行的请求也可以参考后面所列出的班级公约的范例，像"总是保持尊重的态度"这样抽象的表达是很难让学生知道具体要怎么做的。

7. 在白板纸上列出建议清单，然后逐条和大家确认是否还有疑问。如果没有问题，还要问问是否有人不赞同这些请求。（这样问比"大家是否都同意这些请求"更能激发出有异议的声音，因为后面的问题会让大多数学生习惯倾向于不假思索地顺从。）为了班级的利益，在班会上要鼓励学生提问和发表不同的意见；否则，你之后将不得不处理这些异议，而这些不同的意见极有可能以反抗和不满的形式表现出来。

8. 把集体通过的公约条目写在白板纸中间的圈里。

9. 把班级公约张贴在每个人都能看到的地方。这份公约将服务于我们的班级愿景，并让大家对安全感、信任、归属感、学习以及其他方面的需要得以满足。告诉学生们，在接下来的一年里，我们还会不断地回顾这些公约，也许会加入新的约定，而那些不能支持我们的约定也将被废除。用丰盈生命的请求替代那些生硬的要求和命令来作为班级公约，师生们会更愿意信守承诺。（请务必保留一份最早的班级愿景和公约，因为在整个课程以及最后的几个活动单元都会用到它。）

身心安全与学习的真相

身心安全是学习的首要条件。我们的大脑每时每刻都在为维

知己知彼，百战不殆。
——中国古代谚语

前期准备 奠定基础

持我们的安全感而运转。大脑被分为三个区域：原始脑、大脑边缘系统和推理学习区域。当我们觉察到危险时，不管是身体上的还是情绪上的，真实的还是想象中的危险，恐惧总会被激发。而恐惧会对身体和大脑产生巨大的影响。为了获得安全感和保护，整个身体都会自发地释放压力荷尔蒙。在面临危险时，快速行动比仔细思考和分析更重要。因此，这时大脑的推理学习区域就会停止工作，能量会集中到原始脑的生存区和四肢，让我们可以通过战斗或逃跑来保护自己。丹尼尔·戈尔曼在《情商》中将这种自然反应称作"情绪劫持"。

第二次班会使用的身心安全图

身体安全　　班级公约　　情绪安全

班级公约范例

○ 认真听他人说话。

○ 使用言语解决问题，而不是拳打脚踢伤害他人。

○ 物归原位。

- 当别人犯错时，不嘲笑讥讽。
- 不贬低别人。
- 想看到改变时要说出来。

··当学生违反了公约··

惩罚的高昂代价

在由老师制定规则的传统教室里，如果学生违反规则，老师通常会警告、威胁或者实施惩罚，这就意味着在慢慢向学生灌输恐惧和服从。这种基于服从的策略会让整个班级有更多有罪恶感、羞耻心或者愤恨的、愤怒的学生。随着这种情绪的蔓延，学生们很难全身心地投入学习。这些规则和做法激发了不满情绪，只会让学生表现出对抗或心不甘情不愿的服从。

我们看到成年人使用警告、威胁和惩罚等惩罚性做法的另一个后果是给学生们做出了榜样，他们在教室、操场，也会使用同样的方式和他人相处。那些通过威胁和惩罚让其他孩子听话的学生被称为"校园恶霸"。许多反校园霸凌的项目试图改变这种行为，而这些项目常常通过制造更重的负罪感、羞耻感和更多的惩罚，以实现让那些有过失的学生变好的愿望。奇怪的是，很少有人会问"这些学生是从哪里学到的这些霸凌行为的呢"，更没有人关注管教方式与霸凌的关系。更加可悲的是现有的管教方式几乎无法彻底解决这个问题。这些方法不能帮助学

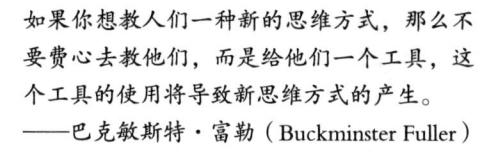

> 如果你想教人们一种新的思维方式，那么不要费心去教他们，而是给他们一个工具，这个工具的使用将导致新思维方式的产生。
> ——巴克敏斯特·富勒（Buckminster Fuller）

生识别出他们想要满足的需要，也不能找到切实可行的办法来满足需要。

替代惩罚的方式

当学生们知道，参与班级公约的制定，正是为了满足他们对安全感、信任、尊重和学习的需要时，他们一开始就会为自己的言行承担责任。班级公约让学生们确认：他们的需要可以得到认真对待，他们的言语可以得到信任，他们的想法和观点都是有价值的。当每个人都认可班级公约时，你就有信心推进讨论。如果有违反公约的行为发生，你们就可以一起讨论那些行为的发生有什么好的理由，而不是把违反公约的学生看作是没有礼貌的、叛逆的学生或者是"坏学生"。

识别需要和满足需要的策略

当学生违反公约后，建议使用以下步骤来处理：

1. 学生违反了一条公约。
2. 如果有人处于危险之中，必要时使用强制力避免伤害。
3. 如果需要可以做能量转化练习（见附录3），在继续谈话前先冷静下来。
4. 倾听学生的感受和需要。
5. 如果学生可以看到自己当下的需要，他也就有可能看到其他人的需要，看到满足这些需要的更有效的方法。他们也会设想今后怎样用其他的方式来取得更好的结果。

··范例 1··

老师：赖莱，看起来，遵守公约，在其他人讲话的时候安静地聆听对你来说有些困难。我和同学们非常想知道，是什么妨碍了你去遵守你已经同意了的公约呢？

赖莱：我只是受不了一直坐在那里听。我需要做点儿什么，所以就开始找丽萨说话。

老师：所以，如果你长时间地坐着一直听，就会觉得很不耐烦、有些泄气，是吗？

赖莱：是的呀！

老师：所以你需要做些什么。

赖莱：是的呀！

老师：那我有个主意，看看会不会对你有些帮助。在听别人说话的时候，你可以安静地在纸上画画，或者捏一个球在手里，怎么样？

赖莱：可能可以吧。

老师：那你愿不愿意在接下来的几天尝试一下，让我知道这个办法是不是可行？

赖莱：好的。

··范例 2··

（老师阻止安杰拉打乔恩。）

老师：安杰拉，我不能让你打乔恩。我阻止你是因为我们之前约定过，要让这里对每一个人来说都是安全的，所以任何一个人

想要打人，我都会阻止。看得出来你现在非常生气，我想知道你现在需要什么？

安杰拉：我不想让他叫我的外号！

老师：你觉得烦躁，因为你希望得到体谅和尊重，是吗？

安杰拉：是的！他没有遵守公约，公约禁止喊别人的外号！

老师：嗯，听起来你也很希望彼此信任，说到做到？

安杰拉：是的，如果乔恩不能遵守公约，那我也不遵守。

老师：那你的意思是，希望每一个人都遵守公约，是吗？

安杰拉：是的！

老师：你愿不愿意和乔恩谈一谈你的这些想法？

安杰拉：不，他根本不会听我说。

老师：如果我陪着你一起呢？

安杰拉：我可以试一下，但是不保证这样有用。

老师：我很高兴你愿意去尝试一下。那我们现在就把乔恩找来，和他约定一个时间来谈一谈，好吗？

也许你会觉得这种方法会浪费本该用在学习上的时间，但其实这比实施惩罚更有效率。学生会看到你是如何解决问题的，然后他们自己也会学习并使用这些方法来处理冲突。

支持性活动

- 在班里准备两个鞋盒，一个贴上"有效做法"的标签，另一个贴上"无效做法"。学生们如果愿意，可以自己装饰这些盒子。鼓励学生去表达自己，他们可以把班级里那些值得感激的事和自己觉得不满的事写在纸条上，再将纸条投放到合适的盒子里。约定一个时间和分享形式把这些内容读出来，然后为值得感激的事庆祝，也一起去解决那些不满意的地方。

- 准备一些感激卡（见附录2），用来写下学生们的哪些言行为你和班级做出了贡献。也可以鼓励学生们相互传递感激卡，让彼此知道个人或集体的哪些行动深深地影响了自己。

提醒：为每一个朗读者准备台词复印件。

制作材料

Section II
制作材料

创设你的"无错区"

··分享、知识小百科及讯息··

我们用一对双胞胎对话的方式，介绍来自"无错区"的每一种能力和课程单元。他们会传达每个单元的重点和信息等，也会给出如何培养能力的建议。

可以邀请学生自愿扮演双胞胎。在"无错区"教室的每个单元中都有知识小百科、讯息及相关的提醒与对白。每个单元可以邀请四名学生，一个人扮演娜欧，一个人扮演米奇，一个人朗读

提醒：每个单元的知识小百科和讯息都需要复印，供学生阅读并张贴在教室里。

知识小百科，一个人朗读讯息。还有一种选择是，只邀请两名学生，扮演娜欧的学生同时朗读知识小百科，扮演米奇的学生同时朗读讯息。有些孩子喜欢戴着帽子、披着斗篷，所以可以适当地准备些服装道具，这将让他们更加投入到角色的表演中。

每个单元都以提醒和对话开始，然后就是知识小百科和讯息的内容。

·· "无错区"空间 ··

在教室里专门设置一个用于"无错区"教室活动的工作区域会很有帮助。最好是在靠墙的一侧，放一张桌子或者一个小台子。这个区域需要被分成课程信息中心、工作区和参考区。放上几个像鞋盒那样的敞口盒子，用来收集"有效做法""无效做法"以及"感激卡"。给这个区域起一个特定的名称："沟通中心""冲突预防与化解中心""无错区"或任何你和学生想到的其他名称。（在本书中，我们就称其为"无错区"。）

▎课程信息中心▎

建议你在开展"无错区"教室每个单元课程的早上，就把该单元的知识小百科和双胞胎要传达的主题贴在主题站点的公告板上，就像刚刚收到了一封来自双胞胎的信一样。如果可能的话，可以在公告板或课程信息中心放置一些卡片、铅笔、记号笔，方便学生们使用。

▎工作区▎

在开始学习"无错区"教室课程期间，要确保提供充足的材

料，这是非常重要的一点。卡片纸常常会丢失或者放错地方，所以需要定期添加和更换。有些学生也可能想要新做一个内在能量板替换掉已经破旧的。

▍参考区▍

在课程进行期间，你和学生会制作许多海报和挂图，提醒学生新学的概念以便于参考。你可以自己制作，也可以和学生们一起完成。有些学生也许想要装饰海报或者配上插图来突出主题，用这些海报和挂图来做墙纸就再好不过了。如果教室墙面有限，可以将海报做成顶部有不干胶的挂图。选择一个固定的地方，把海报一张一张摞在一起粘贴在墙面上——最上面是与本周学习最相关的信息。当你或学生想要用另一张海报时，把那张海报放在最上面或者翻到那张海报那里。

提醒：在公告板、墙壁或画架上留出空间，以张贴每个单元的知识小百科和讯息。

材料制作

··材料选择··

在接下来的一个学年里，老师和学生需要用到一系列"无错区"教室课程的材料。老师们一定要仔细浏览这一章节中的材料清单，并决定如何收集和制作这些材料以供课堂使用，这一点很重要。

制作这些材料有两种方法：

1. 复制本节中的模板并剪裁下来。（内在能量板需要按照学生课桌的大小比例放大制作。）
2. 将本节中的模板作为参考，让学生自己设计和制作教具。

如果选择让学生自己制作材料，你可以把班级分成几个工作小组，并确保每个小组里都有美工爱好者。制作材料的时候，要保持轻松、有趣、活泼的氛围。材料和用品清单在每项能力开头的"老师的准备工作"小节中可以找到。材料的制作指南都融合到了每个单元的活动中，大部分都会在前八个单元中制作完成。

··材料制作所需用品··

▎平日使用▎

○ 三个放置卡片的敞口盒子

制作材料

- 用来张贴知识小百科和讯息的公告板或墙面
- 彩色铅笔、蜡笔和马克笔
- 白板纸
- 大头针、胶带
- 剪刀

┃内在能量板┃

- 每人一张约 46 厘米 × 56 厘米的白卡纸
- 黑色和 5 种其他颜色的马克笔
- 小物件，如小石头或游戏币（学生可以从家里带来供自己使用）

┃卡片┃

- 约 8 厘米 × 13 厘米的硬卡纸，四种颜色，每个学生每种颜色 15~20 张
- （黄色卡片＝需要卡，红色卡片＝感受卡，蓝色卡片＝观察卡，绿色卡片＝选择卡）

┃挂图┃

- 白板纸、活动挂图、厚卡纸或海报展板
- 公告板、画架或胶带（用于粘贴白板纸）
- 马克笔

提醒：本节末尾提供了所需要的用品清单。请在"无错地带"准备好这些物品。

材料收纳

- 每个学生需要一个可以装 A4 纸的双层文件夹或一个牛皮纸信封装内在能量板和卡片
- 每个学生需要四根绑卡片用的橡皮筋

··材料模板制作··

模板见附录 2。括号内标注的是第一次使用这个模板、挂图的单元；其中很多材料也会在后续单元中被使用，特别是内在能量板和各类卡片，每个单元都会用到。

内在能量板模板（"无错区"教室简介）

挂图

- 九大能力（"无错区"教室简介）
- 四种倾听方式（单元 6a）
- 平息愤怒六部曲（单元 7b）
- 解决问题九步法（单元 8a）

卡片

- 14 张选择卡（单元 1b）
- 14 张需要卡（单元 2a）
- 14 张感受卡（单元 4a）

提醒：在"无错区"教室课程开展期间，保存所有的海报和挂图，以供后续单元使用和参考。

制作材料

学习单

- 长颈鹿感激卡（第二次班会）
- 生活试验日志（单元 3b）
- 感受与需要的关系（单元 4a）
- 感受与想法（单元 4b）
- 观察和想法脚本卡（单元 5a）

Section Ⅲ
创建"无错区"教室

"无错区"介绍（60分钟）

目　标： 介绍课程，"无错区"，双胞胎娜欧和米奇，内在能量板，九大能力

材　料： 每人一张约46厘米×56厘米的白纸；彩笔、铅笔或蜡笔；牛皮纸信封（每个学生2个，用来存放叠好的内在能量板和其他材料）；一张给学生们展示用的彩色内在能量板或供他们参考的内在能量板模板；九大能力表

活动类型： 美术创意

重 点 词：下面的词汇在介绍"无错区"和接下来的课程单元中会经常提到，你可以在课程开始前向学生们说明或者在课程开展期间和学生复习。

- ◎ "无错区"　　　　◎ 温度计
- ◎ 九大能力　　　　◎ 温度
- ◎ 探索　　　　　　◎ 需要
- ◎ 传送　　　　　　◎ 感受
- ◎ 内在运作系统　　◎ 观察
- ◎ 坐标　　　　　　◎ 平静警觉
- ◎ 内在能量板

步　　骤：

1. 准备好以上材料。
2. 向学生说明这次课程的任务是制作内在能量板。
3. 朗读下面的双胞胎的信，双胞胎在信中做了自我介绍，并说明了他们此行的目的。他们还将介绍接下来几周的课程概况。
4. 指导学生按照双胞胎的指导，制作自己的内在能量板。

··双胞胎的分享··

嗨，大家好！我们是米奇和娜欧。我是娜欧，米奇是我的双胞胎弟弟。我们16岁了，我们来自一个叫作"无错区"的地方，很少有人知道那里。

感谢你们花费宝贵的时间聆听我们的自我介绍以及我们来到

这里的原因。

我们想要告诉你们很多关于"无错区"的事情，还有人类拥有的九大能力。你们可以用很多方式激活你们的九大能力，让地球上的生命更加美好。

如果你们能读懂我们的心思，那我们就不用来传递要分享的信息了。然而，没有人真的懂读心术，所以我们会每周给你们写信，把知识小百科、讯息和探索活动告诉你们，带你们踏上发现内心世界的旅程。

就像宇航员探索外太空一样，我们是内心探险家！

你们都知道外太空探险吧？你们也许也知道地球是太阳系中唯一有生命的行星，而太阳系外还有银河系和更广阔的宇宙。外太空里有数千颗高科技卫星，接收来自太阳系内外的信息。正如你们所知道的，宇航员已经进入了外太空，并成功登月。这些宇航员是人类从外太空给地球拍摄照片的先驱。现在，你们在图书馆和网络上可以查阅到大量的外太空资料，但它的神秘还有待我们去探索和学习。

我们在这里想要告诉大家的是，我们的内心世界也一样有很多要探索和学习的地方。

那我们从哪儿开始呢？

我们的家乡——"无错区"是一个友好的地方。那里的人们都真诚地彼此关心，并用各种方式表现出来。地球上的人类一旦觉察到有这个地方并选择去那里，就能找到通往"无错区"的路。但它是无法用眼睛看到的，这大概就是这么多地球人并不知道它存在的原因。在接下来的几个星期内，我们会一起在内心世界旅行，你们将逐渐了解到更多关于"无错区"的知识。

地球人总是忙忙碌碌、快节奏地生活，做很多很多的事情，根本没有时间去学习和探索"无错区"。事实上，他们养成的习惯只会让他们离美好生活越来越远，甚至有很多人因纷争、冲突和战争而生活得很悲惨。这些争斗在地球上形成了一个相当大的"错误区"。在"错误区"内，只有黑白分明的规则、指手画脚、恶语相向、处处树敌，冲突和战争蓄势待发。

看到这些，我们感到非常难过。指责、威胁、争斗和冲突，让大家很难在这里一起生活和学习。我们现在之所以和你们说这些，是因为我们很希望看到地球人有更多的欢乐，彼此愉快地相处，有更多的时间学习新的知识。我们希望看到所有地球人都过着心满意足的、有意义的生活。毕竟我们生活在同一个宇宙，地球人越好，相处得越融洽，生活中有越多的乐趣和意义，对宇宙中的所有生命就越有益处。

所以，我们有了与老师和同学们书信交流的想法，向大家介绍"无错区"，剖析地球人与生俱来的许多能力。同学们和成年人不同，不像他们那样忙碌，所以有更多的时间带着好奇心思考和学习。

·· **内在运作系统** ··

下面要与你们分享的事情是非常重要的，那就是每个地球人都有自己的内在运作系统，它们由需要、感受、想法、观察和选择组成。

当你知道如何解读自己的内在运作系统时，你就知晓了如何在生命中做出明智选择的全部信息。在"无错区"中，我们每时每刻都在接收来自内在运作系统的信息。事实上，你也如此，只是可能你还没有意识到这一点，因为大多数地球人还不了解他们的内在运作系统，甚至几乎没有人知道如何使用它。

地球上有一种仪器，叫全球定位系统，常常用于汽车上。它显示了物体在地球上的地理坐标，它可以定位你或者你想找的其他人或物所在的位置。

还有一个被称为内在能量板的精密仪器，标注了你内心所处的位置。它能随时读出你的感觉、想法、需要和你看到事物真相的能力。一旦你看到内在能量板并学习如何使用它，你就会知道它的重要性。我们把一个内在能量板送给了你们的老师，他会向你们展示，随后你们就要自己动手做了。①

今天你们就要开始制作属于自己的内在能量板了，在接下来的几周里你们都会用到它。

按照老师提供的模板，你们可以从任何一个区域开始绘制。我们还有几点建议要给大家：

1. 先在内在能量板上写下每个区域的名称：需要、感受和其他的名称。

---

① 在制作内在能量板时，可以给学生展示一个彩色板，或提供附录2中模板的复印件，供学生参考。指导学生制作他们自己的内在能量板，绘制和涂色，接着再读双胞胎的信。

2. 完成后，你们可以为它们涂上颜色。
3. 当你们开始制作时，我们会告诉你们内在能量板的不同区域以及对应的颜色。当然，也有一些你们可以自由配色的区域。

········•·········

在中间位置有一个半圆形区域，代表你的"需要"，请涂上黄色。

········•·········

"需要"下方的月牙形区域，代表"感受"，请涂上红色。

········•·········

"感受"下方的区域是"观察"，这里涂上蓝色。

········•·········

"观察"下方的方形区域是"选择"和"平静警觉"，这里涂上绿色。

········•·········

纸板底部的条形区域被称为"感受温度计"，这里会反映感受的温度。在温度计的最左边是"极冷"，而在温度计的最右边是"极热"。用你觉得能代表热和冷的颜色给温度计涂上颜色。

········•·········

左右两边的"错误区"是非黑即白的世界。你可以使用条纹、点点、棋盘格或任何其他你喜欢的样式把它涂成黑白色。

··九大能力简介··

想象一下，如果你每一刻都知道自己需要什么，知道自己为什么要做你所做的事情，那会对你有怎样的帮助。想象一下，如果你有能力让每个人在每一刻都开心有趣，那会是什么样的场景呢？想象一下，如果你有能力把争论变成有助益的对话，如果你知道如何平和地化解生活中出现的冲突，又会是什么样的场景呢？其实，你已经拥有了九大能力，它们会帮助你做出以上那些或者更多令人惊奇的事情。只是你的超能力可能还没被激活。在内在能量板的帮助下，我们会向你介绍这九大能力并帮助你激活它们。

每周我们都会去探索你内在的这九大能力，也会展示出其中的大部分内容。在探索和学习这些能力的同时，你也将激活它们，让自己做出明智的选择，预防和化解冲突，让你和你周围的人的生活变得更加美好。

这是你的九大能力：

1. 进入平静警觉的能力；
2. 了解需要的能力；
3. 满足需要的能力；
4. 觉察感受的能力；
5. 观察的能力；
6. 倾听的能力；

7. 在"错误区"航行的能力；
8. 合作解决问题和化解冲突的能力；
9. 随时随地创建"无错区"的能力。

你可能会想：这些并不是什么能力啊，听起来并没什么特别，也不像是真正的魔法呀。但我们想告诉你们的是，这些才是地球人所拥有的真正力量。它们不是来自变形金刚、火星或任何其他星球、星系，而是来自人自身。只要你愿意激活它们，它们就会成为让你一生受用的真正的能力。

地球人的这些能力是超越肉眼所见的，也许需要一点时间才能显现出来。也许这些现在听起来有点奇怪和神秘，但请记住，在接下来我们一起旅行的几个星期里，你将会得到更多关于这些能力的信息。

支持性活动

- 本周留出时间让学生完成内在能量板的制作。
- 给每个学生发一个可以装A4纸的牛皮纸信封，用来存放内在能量板和后续单元用到的其他材料。
- 邀请志愿者为班级制作2~4张在课堂用的内在能量板。把内在能量板塑封起来会更加耐用，因为它在这一年的课程中会有其他用途。如果做一张更大的内在能量板贴在墙上，在课堂上做活动时作为参考也会很有帮助。

看到事物表象下的实质要花一些时间，但这正是人类能力所在。

能力 1　进入平静警觉的能力

··老师的准备工作··

▌课前准备▐

○ 准备两个单元所需的材料（请参阅第 45 页的"材料"）。
○ 复印两个单元中"无错区"的对话，供 2~4 名学生阅读。
○ 复印两个单元的知识小百科和讯息。
○ 学习单元 1a 的当天早上把单元 1a 的知识小百科和讯息贴在课程信息中心。
○ 学习单元 1b 的当天早上把单元 1b 的知识小百科和讯息贴在课程信息中心。

▌能力 1 相关词汇▐

（这些词汇在单元 1a 和 1b 以及后面的单元中都会用到，你和学生在开始各个单元的学习之前或学习过程中可能需要经常预习或复习。）

◎ 平静警觉
◎ 感受温度计
◎ 状态显示
◎ 功能（指生理或机械功能）
◎ 身心健康感

◎ 生物循环系统
◎ 呼吸
◎ 生物排泄系统
◎ 身体扫描
◎ 能量转化

◎最佳运作功能　　　　◎能量操
◎试验　　　　　　　　◎选择
◎消化吸收　　　　　　◎额叶（大脑）

人类处于平静警觉状态时，才能具有最佳状态。

单元 1a：你的感受温度计

目 标：通过学会读出感受温度计上的数，提升自我觉察能力和身心健康水平，并学习进入平静警觉的不同方法

活 动：

- 志愿者朗读来自"无错区"的分享、知识小百科和讯息（15分钟）
- 探索活动：查看感受温度计

  活动类型：教师引导练习
- 探索活动：热还是冷（20分钟）

  活动类型：教师引导讨论
- 延伸活动：身体扫描（可选择的10分钟练习，可在学习单元 1a 后的某一天进行）

  活动类型：视觉引导

材 料：

√ 课前准备材料：无

√ 手工制作所需材料：无

单元 1a 中制作的材料：

- 感受温度标记（每个学生选择一个小物件配合他们的感受温

度计使用）

单元 1a 中要重复使用的之前的材料：
- 每个学生的内在能量板

√ 延伸活动材料：无

单元 1b：能量转化

目　　标：通过关注感受的状态来提升选择能力和效能（热冷、平静警觉），学习能量转化以达到最佳状态（达到平静警觉的状态）

活　　动：

- 志愿者朗读来自"无错区"的分享、知识小百科和讯息（10 分钟）
- 制作材料：选择卡（5 分钟）
- 探索活动：能量转化（10 分钟）
  活动类型：教师引导讨论
- 探索活动：心呼吸能量转化法（10 分钟）
  活动类型：能量转化（放松）引导练习，感激
- 探索活动：能量转化练习挂图（25 分钟）
  活动类型：班级讨论，小组制作挂图

材　　料：

课前准备材料：
- 复印附录 3 中能量转化练习的步骤（一整套）

手工制作所需材料：
- 白板纸
- 画架或胶带（或活动挂图）

- 约8厘米×13厘米的白色硬卡纸（每人一张）
- 彩笔或马克笔

单元1b中制作的材料：

- 能量转化练习挂图
- 选择卡（使用白色硬卡纸和写字笔或马克笔）

单元1b中要重复使用的之前的材料：

- 内在能量板，感受温度标记

单元 1a：你的感受温度计

来自"无错区"的分享

娜欧：嗨！米奇和我都很高兴要和大家开启探索能力的旅程。让我们从第一个——进入平静警觉的能力开始吧。

米奇：我们想让你们熟悉的第一个能力就是内在运作系统中的平静警觉。请在你自己的内在能量板上找到平静警觉的区域。

娜欧：注意到它是在感受温度计的中间位置了吧。那是因为它是中心，是让你同时感到平静且警觉的时刻。你知道那种感觉吗？我们一会儿就会体验到它。

米奇：有些人在平静警觉的状态下，会有专注、平衡、处在当下的感觉。这种身心合一的状态可以让你思路更清晰，就像运动或弹奏乐器时一样。进入平静警觉的能力将帮助你在任何时候都能发挥最佳水平。

娜欧：你的感受温度计就是一个精准的仪器，它会告诉你，你离平静警觉的状态有多远。一旦你知道了如何使用它，就可以在想要的时候随时读出自己感受的温度。

米奇：通过感受温度计，你会读出自己感受的温度。你会注意到，一旦温度太高或者太低，你的各种功能就会失常。

娜欧：事实上，大多数人觉察不到感受温度计的存在，他们总是会忽略感受，要么去到热的地方，要么去到冷的地方，所以他们常常会难过、生气或者沮丧。这样就很难有足够清晰的思路来做出明智的选择。

米奇：我们希望你可以好好利用你的感受温度计，看看它会为你带来什么。

能力 1a

知识小百科

○ 人类在平静警觉的状态下才会有最佳表现。

○ 对人类来说，知道如何达到平静警觉的状态是一个重要的技能。

○ 处在平静警觉的状态时，人们就知道有很多行动选择。

○ 有些念头会将人从平静警觉的状态带入"错误区"，那里充斥着压力的水池、愤怒的火山和冲突的黑洞。

讯 息

○ 使用你的内心感受温度计，随时随地觉察你的感受。

○ 学习查看你的感受温度计，知道你离平静警觉有多远。

○ 学习一些方法，帮助你回到平静警觉状态。

▎探索活动：查看感受温度计 ▎

目　　标：学习查看感受温度计，接收关于身心健康的重要信息

材　　料：内在能量板，感受温度标记（比如小石头、回形针、硬币），感受例句（见下文）

活动类型：教师引导练习

步　　骤：

1. 让学生们取出他们的内在能量板，放在各自面前。
2. 让每个学生选一个物品（比如回形针、硬币、小石头或贝壳）作为感受温度标记。
3. 复习感受温度计的功能。
   问问学生："关于感受温度计，双胞胎姐弟都说了些什么呢？""如何使用它呢？"
4. 练习使用感受温度计：逐一读出下面所列出的句子，也可以邀请学生来朗读。
5. 每读完一句话，就让学生们猜测一下这句话所对应的感受温度，把标记放在他们内在能量板的感受温度计上相应的位置。
6. 在学生们放好以后，请大家来分享，然后再读下一句。

感受例句

"我快气死了。"

创建"无错区"教室

53

"我不知道自己现在是什么感觉。"

"我没有什么感觉。"

"我想尖叫。"

"我知道下一步该做什么。"

"我很害怕,不知道怎么办才好。"

"我很有信心。"

探索活动:热还是冷(20分钟)

目　　标:识别不同的能量状态

教　　具:剧本(见下文),内在能量板,感受温度标记

活动类型:教师引导讨论

步　　骤:

1. 朗读下文中的虚拟剧本,也可以从文学作品或历史事件中找到合适的故事。

2. 请学生们想象一下故事中的主人公可能有什么感受和情绪,把感受温度标记放在感受温度计上的相应位置。

3. 邀请学生们自愿分享他们的答案。如果有不同的答案,告诉他们这是很正常的。事实上,我们谁都没有办法确切地知道他人的感受,我们只能猜测。

剧本:热还是冷?

妈妈看到儿子耷拉着肩膀坐在沙发上。他盯着地板,已经在那里坐了一个小时了。妈妈问："你有些伤心吗？"儿子幽幽地说："我不知道。"

秀娜满脸通红，气喘吁吁地走进家门，好像一路跑回来的。她摔上门，一边快步上楼梯，一边大声说："不要来烦我。"

西蒙半夜突然被噩梦惊醒，梦中他被狼群追赶。他呼吸急促，试图从床上坐起来，但身体却动弹不得。

阿伦坐在桌前，假装在听同学的报告。其实他一个字也没听进去，他满脑子想的都是今天早上发生的事。"他怎么能那么做！""这不公平。""他是个混蛋！"这类想法在阿伦脑袋里翻江倒海。

玛克辛特别期待周末和家人一起到湖边游泳和钓鱼。可是当她周五回到家的时候，她的妈妈生病了，所以活动不得不改期。玛克辛一言不发地打开电视，盯着电视坐了两个小时。

支持性活动

- 教师练习：每天查看几次自己的感受温度计。每次都让自己停下来（或慢下来），读出当下时刻的感受温度。你会注意到什么呢？
- 本周找一些时间让学生们停下手中的事，留意他们的感受温度，把手指或感受温度标记放在感觉温度计上的相应位置。你注意到了什么？

延伸活动：身体扫描（10分钟）

目　　标： 学习关注身体的感觉或信号

材　　料： 内在能量板，感受温度标记

活动类型： 视觉引导

步　　骤：

1. 阅读以下说明或者用自己的话说出来：

   我们的身体每时每刻都在调节着体内生理系统（比如消化系统、循环系统、呼吸系统和排泄系统）的运转，以保持身心的平衡。

   当这些系统遇到了挑战，它们就会向我们发出信号——当消化系统运转不那么顺利时，我们可能会肚子痛；当循环系统不好好工作时，我们也许会手脚发麻。

   就像之前探讨过的，我们的内在运作系统也会发出信号，告诉我们，在我们的内在中正在发生什么：我们有幸福和满足的感觉，也有生活在压力之下、生气和悲伤的感觉。

   当我们可以觉察自己的感受，学会使用感受温度计时，我们就知道可以选择感受和行动了。

2. 给全班阅读下面的说明，也可以用自己的话说：

   今天我们要一起做一个试验，试验的目的是提升我们察觉

感受和温度的能力。我想邀请大家以放松的姿势坐直身体，闭上眼睛，让我带领你们进入内在空间，进行一个身体扫描的探索活动。结束后，如果大家愿意，我们会花一点时间来讨论一下这个试验。现在准备好跟随我一起尝试了吗？我们开始吧。

3. 给学生们阅读下面的视觉引导词。

坐在椅子上，双脚踩在地板上，双手放在膝盖上。做几次深呼吸。

把注意力放到你的头部和颈部。抱头，低头，头向左转，再向右转，绕一个圈。感觉头部的重量。把头向前倾，放松。

把注意力放在肩膀上。抬肩膀，放下，从前往后画圈，抖动肩膀，放松。

举起你的手臂，扭一扭，抖一抖，让它们在身体两侧下垂或者将双手放在膝盖上。

甩一甩双手，再活动一下手指，让它们放松。

把双腿向前伸展。绷紧然后放松，做两三次，然后抖一抖腿。

转动脚踝，用你的脚划圈，先往一个方向划圈，接着换另一个方向。现在把双脚重新踩到地板上。

动动脚趾头。踮起脚尖，放松。再一次把双脚放在地板上。

停下来，倾听自己的身体。什么词最适合描述你现在身体的感觉呢？轻松？沉重？注意你的头、脖子、肩膀、手臂、

手指、手、腿、脚踝、脚趾。

做五六次深呼吸，然后睁开眼睛。

4. 和学生们确认一下，是否愿意讨论试验的结果：你们发现了什么呢？

5. 如果看起来有些帮助，可以尝试换一天站着做一次这个试验。如果空间允许，也可以躺在地板上来做。

单元 1b：能量转化

| 来自"无错区"的分享 |

娜欧：希望你们在这周都已经用感受温度计随时来觉察你们的感受是太热了还是太冷了。

米奇：这样做是非常有益的，当你感觉太冷了，你可能就会动弹不得或者是浑身发麻，就像被迷雾包围。此时，你很难采取行动。

娜欧：当你的感受是很热的时候，你也许会体验到脑袋或者胸口热热的。你可能还觉得身体里有一股能量要冲出来，让你想挥舞拳头打人、大叫或者奔跑。这时，你就很难清晰地思考或者做有益的事情。

米奇：在内在运作系统中，人们只有在处于平静警觉的温度时才会表现最佳，因此，世界各地的人们都在练习怎样从热的状态或冷的状态回到平静警觉状态。我们把这样的练习称为能量转化。你可能知道其中一些练习，我们还会提供更多的练习让你去尝试，看看你能找到多少对你有帮助的能量转化法。

娜欧：当你学会了如何转化能量，就意味着你为自己今后的人生做出了一种选择。而选择是你内在运作系统很重要的一部分。今天我们给你们带来14张选择卡，第一张选择卡就是"能量转化法：进入平静警觉"。

▎制作材料：选择卡（5分钟）▎

1. 如果教师已经提前准备好了，就给每个学生发一张"能量转化法：进入平静警觉"的选择卡。如果事先没有准备，就让学生们当场制作他们的第一张选择卡。

2. 如果让学生们制作卡片，发给他们每人一张约8厘米×13厘米大小的硬卡纸。

3. 让学生们把卡片对折，剪成两张约8厘米×6.5厘米大小的卡片，在黑板上写下"能量转化法：进入平静警觉"，让学生们照着也写在其中一张卡片上，另一张放到信封里以后再用。①

4. 每个人都有了自己的选择卡以后，为他们朗读单元1b的知识小百科。

---

① 之后的选择卡、感受卡和需要卡都按照这个步骤制作。

能力 1b

知识小百科

○ 当人们被刺激、压力、愤怒或恐惧困扰时,平时供应给大脑思维中枢(额叶)的血液中有80%会停止供应。然后,思维变得模糊,情感变得强烈,人们就无法正常思考或行动。

○ 幸运的是,在人类历史和文化进程中,人们发明了能量转化练习来帮助人们进入平静警觉并发挥最佳水平。

讯 息

当你想进入平静警觉的时候,查看你的感受温度计。

○ 觉察你的感受是太热还是太冷。
○ 做能量转化练习。

探索活动：能量转化（10分钟）

目　　标： 探索并清晰了解能量转化的目的
材　　料： 无
活动类型： 教师引导讨论
步　　骤：

1. 读出以下说明或用自己的话陈述：

   当你意识到自己的感受超出平静警觉范围，也就是你能量区的范围时，你可以用能量转化练习回到平静警觉。

2. 请学生们就以下问题分享他们的想法：

   为什么需要能量转化？

   是什么妨碍你在感觉很热的时候转化能量？

   是什么妨碍你在感觉很冷的时候转化能量？

   做些什么能帮助你想起要进行能量转化，进入平静警觉呢？

探索活动：心呼吸能量转化法[1]（10分钟）

目　　标： 学习转化能量，进入平静警觉的方法

---

[1] 这是心能量练习（www.heartmath.org）的一个改编活动。心能量系统是齐瑞德（Doc Childre）研发的，他是压力应对专家，也是作家，商业、科学和医学领域的顾问。他在心能量系统中针对心理、生理和人类潜能提出了创新性的见解，为现代社会高效的生活提供了新的模式。在学校、公司、政府机构和医疗保健机构教授心能量法，可协助人们提升抗压能力，培育与人相处的智慧和同理心。

材　　料：无

活动类型：能量转化（放松）引导练习，感激

步　　骤：

1. 请学生们想一件让他们感恩的事情，或者一个让他们微笑的事物。可以是一个宠物、一个人、一棵树或者一朵花。

2. 读出以下简短的引导语：
   ○ 舒适地坐好，闭上眼睛，放松。
   ○ 做五次深呼吸。
   ○ 把双手放在胸口。
   ○ 想想让你微笑的人、宠物或者植物。吸气的时候，吸进微笑和感激的能量，把这股能量吸进你的胸口。
   ○ 做五次深呼吸。

3. 这个练习可用于进行能量转化前的开场活动，也可以和学生用它迎接每一个清晨。

▍探索活动：能量转化练习挂图（25分钟）▍

目　　标：体验不同的能量转化法；找到有效的能量转化法帮助学生进入平静警觉

教　　具：白板纸，画架或胶带（或者白板架），马克笔，附录3的能量转化说明复印件

活动类型：班级讨论，小组挂图制作

步　骤：

1. 准备一张白板纸，或者把一张空白纸放在活动插图上用以制作能量转化练习的挂图。

2. 全班进行头脑风暴，想出能量转化的方法。

   学生们可能会提供以下这些方法：做一次身体扫描；暂停一下，做伸展运动；暂停做深呼吸；出去散步或跑步；找一个信任的人谈心；听音乐；唱歌；演奏乐器；画画；涂色；做陶泥；随音乐跳舞。

3. 把这些点子记在白板纸上，再将白板纸张贴在教室里。

4. 在接下来的一学年里，可以持续在白板纸上添加内容。

5. 把以下能量转化练习写到白板纸上：

   心呼吸能量转化法，中心定位法，甩手运动，交叉爬行，脑部血液保持法，大树式，六秒暂停，自我倾听。

6. 把全班分为四五个小组。

7. 给每个小组一份你写在白板纸上的8个能量转化练习中一个的说明（见附录3）。向学生们解释如何练习，每个小组一个练习。

8. 排出接下来两三周的时间表，让每个小组都把自己组的练习教给全班。

这些练习来源不同，帮助各大洲的人们提升转化能量的能力，改变他们情绪的温度，并让他们进入平静警觉。专业运动员在训练和比赛中也在学习和使用这些练习。

我们猜测，你和你的学生可能知道或会发现其他进入平静警觉的方法。你们可以试验或相互分享。

能量转化练习
  心呼吸能量转化法
  中心定位法
  甩手运动
  交叉爬行
  脑部血液保持法
  大树式
  六秒暂停
  自我倾听

支持性活动

- 教师练习：自己尝试每种能量转化练习，同时把你自己使用的进入平静警觉的方法也加进来。
- 在介绍了能量转化练习之后的一周里，询问学生是否有机会使用它，或者他们是否使用过在班里介绍的，或者他们新发现的能量转化练习。将新的练习添加到课堂能量转化练习挂图中。
- 如果学生想要记录他们的练习情况和发现的最适合他们的练习，可以复印能量转化练习日志（见附录3），供学生填写。

能力 2　了解需要的能力

·· 老师的准备工作 ··

▍课前准备 ▍

- 准备两个单元所需的材料（请参阅下页的"材料"）。
- 复印两个单元中"无错区"的对话，供 2~4 名学生阅读。
- 复印两个单元的知识小百科和讯息。
- 学习单元 2a 的当天早上把单元 2a 的知识小百科和讯息贴在课程信息中心。
- 学习单元 2b 的当天早上把单元 2b 的知识小百科和讯息贴在课程信息中心。

▍能力 2 相关词汇 ▍

（这些词汇在单元 2a 和 2b 以及后面的单元中都会用到，你和学生们在开始各个单元的学习之前或学习过程中可能需要经常预习或复习。）

◎成长　　　　　　　　◎共同的

◎探索　　　　　　　　◎人类共同的需要

◎需要　　　　　　　　◎生存的需要

◎人类的需要　　　　　◎成长的需要

单元 2a：共同的需要

目　标：识别人类的生存需要和成长需要，了解人人都有相同的需要，提升自我觉察和对他人的觉察

活　动：

- 志愿者朗读来自"无错区"的分享、知识小百科和讯息（15分钟）
- 探索活动：人类共同的需要清单（45分钟）
- 活动类型：教师引导讨论

材　料：

√　课前准备材料：无

手工制作所需材料：白板纸、画板、胶带、马克笔

单元 2a 中制作的材料：

- 人类共同的需要清单

单元 2a 中要重复使用的之前的材料：

- 内在能量板，选择卡，感受温度标记

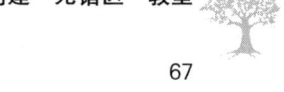

选择是内在能量板很重要的一个区域。

单元 2b：地球上最棒的活动

目　标：增加需要词汇，学习寻找每个人言行背后的需要

活　动：

- 志愿者阅读来自"无错区"的分享、知识小百科和讯息（15分钟）
- 探索活动：需要卡（45分钟）
- 活动类型：手工制作
- 延伸活动：行为背后的动机（可选做的15分钟练习，放在单元 2b 结束后的某天进行）
- 活动类型：游戏

材　料：

√　课前准备材料：无

手工制作所需材料：

- 约8厘米×13厘米的黄色空白卡片（每个学生5张以及备用卡片）
- 签字笔或马克笔
- 剪刀
- 橡皮筋（每人一根）

单元 2b 中制作的材料：

- 需要卡

单元 2b 中要重复使用的之前的材料：

- 内在能量板、选择卡、人类共同的需要清单

不管在哪里，每个人都要有相同的需要。

单元 2a：共同的需要

▌来自"无错区"的分享▌

米奇：嗨，大家好！我们很开心与你们分享第二种能力——了解自己需要的能力。接下来有很多要探索的东西，从今天起大家还要制作和收集很多新的能力卡。不过，我们想先确认一下，你们是不是已经准备好了需要的材料呢？今天要用到你的内在能量板和能量转化选择卡。现在请举起你的能量转化选择卡，让我们知道你已经做好准备了。

【暂停一下，直到每一个人都准备好选择卡和内在能量板。】

娜欧：今天我们要收集的能量卡叫需要卡。需要是地球上的每一个人生存和成长不可或缺的要素。

米奇：是的，有些需要是你知道的，比如食物、水、睡眠。

娜欧：还有一些需要，比如友情、学习和玩耍。

米奇：除此之外，还要了解其他更多的需要。

娜欧：当你了解了你的需要，你就更有能力满足它们，照顾好自己。

米奇：我们就从了解有多少种需要，还有看看它们是否在你们的内在运作系统中开始吧。

娜欧：我们是不是说过，无论在哪里，每个人都有共同的需要？无论你想在学校、家里还是世界其他地方创建"无错区"，这一点都是要记住的重要事实。

米奇：不过不要只听我们说，你们还要亲自验证一下。

能力 2a

知识小百科

- 人类的身心健康仰赖于学会满足需要。
- 每个人都可以培养满足需要的能力。
- 人类有生存的需要（比如空气、水、食物、住所和安全）和成长的需要（可以让生命更加美好的需要，比如朋友、家庭、学习、玩耍、尊重、友善等）。
- 这些需要是人类与生俱来的，也是人类行为的根源。

讯 息

- 了解自己的需要——生存的需要和成长的需要，以便去满足它们。
- 知道每个人的行为都源于人类共同的需要。

探索活动：人类共同的需要清单（45分钟）

目　　标：满足学习的需要；识别人类共同的需要；扩充需要词汇；区分需要和策略的不同

材　　料：内在能量板、感受温度标记、白板纸、画架或胶带、马克笔

活动类型：教师指导讨论

步　　骤：

1. 进入平静警觉：请学生们查看自己的感受温度计。如果需要，邀请一个学生带领大家进行能量转化练习，让大家进入平静警觉，做好开展本活动的准备。（如果你愿意，可以用20分钟的时间来做这一步。平静警觉需要的时间越长，讨论和写清单的时间就会越少。）

2. 向学生提出这个问题，并组织他们开始讨论：双胞胎说，地球上的每个人都有共同的需要。真的是这样吗？

3. 鼓励学生回答。

4. 在一张新的白板纸上写下标题"人类共同的需要"并把它贴在墙上。

5. 教师："看看我们能找到哪些人类共同的需要？"

6. 把大家的答案写在白板纸上。（参考下面列出的区分需要

和策略的提示，只把需要写在清单里。）
7. 把人类共同的需要的清单贴在每个人都能看见的地方。

区分需要和策略的提示：

需要和策略的区别：电脑是满足需要的方法，不是需要本身。当学生提出的是策略而不是需要时，试试用下面的方法帮助他们找到需要：

问：每个人都需要_____吗？

如果答案是"是"，那么就是需要。

如果答案是"不是"，继续问：

<u>汽车</u>可以满足什么需要呢？运输，从一个地方到另一个地方。

<u>钱</u>可以满足什么需要呢？物品交换。

<u>电子游戏</u>可以满足什么需要呢？娱乐，乐趣，玩耍。

<u>电脑</u>可以满足什么需要呢？工作，沟通，娱乐，创造。

支持性活动

- 教师练习：扩充你的需要词汇；区分需要和策略。
- 在接下来的一周甚至一学年中扩充人类共同的需要的清单。
- 练习已经学过的能量转化练习，并引入新的练习。
- 回顾班级公约：问一问学生，它们的效果如何呢？

单元 2b：地球上最棒的活动

▌来自"无错区"的分享 ▌

娜欧：有没有人遇到过什么让自己感到困惑的事情？

米奇：是的，就比如你的妈妈、爸爸或者朋友突然面红耳赤、特别生气的时候，你是不是也很想知道到底发生了什么？

娜欧：或者，也许你也想知道自己为什么做了那件事或者说了那样的话，因为那样做或那样说让你感觉很糟糕。

米奇：今天我们就要来探索自己和他人的言行的动机：我们的价值观和需要。

娜欧：看清楚我们为什么那么做是一个非常有趣的过程，甚至可以揭开一些谜团。这对构建"无错区"也非常有帮助。

米奇：你们自己来体验一下吧！

能力 2b

知识小百科

○ 每个行为背后都有一个需要。
○ 大多数人都不知道这一点。
○ 如果人们知道为什么做某件事，就会更有效率、更好地理解自己并减少冲突。

讯 息

○ 扩充你的需要词汇。
○ 寻找自己每个言行背后的需要和他人言行背后的需要，看看从中可以学到什么。

▍探索活动: 需要卡（45分钟）▍

目　　标: 创造促进沟通和化解冲突的工具；扩充和练习需要词汇

材　　料: 约8厘米×13厘米的黄色硬卡纸（每个学生5张），剪刀（用来把硬卡纸剪成两半），签字笔或马克笔，每人一根用来绑需要卡的橡皮筋，人类共同的需要的清单（贴在教室中每个人都能看到的地方）

活动类型: 手工制作

步　　骤:

1. 给每个人发5张黄色硬卡纸。
2. 让学生把每张硬卡纸剪成两张约8厘米×6.5厘米的卡片。
3. 请学生在每张卡片上写下一个对他们来说很重要的需要。
4. 告诉学生在教室里走动，从其他同学写下的需要中获得一些灵感。

教师要多准备一些空白的硬卡纸备用，以备学生一次想写10个以上的需要，而且未来几周也会用到。[1]

---

[1] 有些学生可能想在接下来的一周中用课间、早上课前或放学后的时间继续做卡片。教师可以在"无错区"放上空白卡片和马克笔，供大家随时使用。

支持性活动

- 教师练习：制作一套自己的需要卡，放在桌子上备用，还可以不断增加新的需要卡。
- 让学生继续扩充需要卡，直到每人至少有15张。在以后单元的探索活动中都会用到需要卡。
- 出示卡片：当有学生焦躁不安时，让他拿起一张卡片说说他当下的需要。
- 邀请志愿者制作两套大的卡片，供班级示范时使用。（在每张约8厘米×13厘米的黄色卡纸上写一个需要的词汇。）

与其他课程的结合

结合历史、科学、社会学和语文课使用：

挑选语文、历史、社会学或科学课中的人物，问学生：这个人或这群人的行为试图要满足其什么需要呢？你可以让学生大声说出他们的猜测[1]，或者选择一张或多张需要卡。

延伸活动：行为背后的动机

材　　料：识别每个行为背后的需要

---

[1] 请记住，当猜测现实生活中人物行为背后的需要时，你只能是猜测。所以和当事人核实你的猜测是否准确是很重要的。

教　　具：约 5 厘米 ×13 厘米的纸条，一个纸袋，一套需要卡（最好是全班都可以看到的大卡片）

活动类型：游戏

步　　骤：

1. 告诉学生本活动的目的是探索一句话："每个行为都是满足需要的一种尝试。"

2. 让学生在一张小纸条上写下他们早上到校之前做的一件事。

3. 把小纸条折好放进纸袋（也可以是帽子或者碗）里。

4. 请一个同学从袋子里抽一张读出来。

5. 问大家：他做这件事是为了满足什么需要呢？

6. 请读纸条的同学从需要卡中选择一张。

7. 如果大家不确定是什么需要，就从人类共同的需要的清单中找出可能的答案。可以邀请写纸条的同学确定一下他是否赞同选出来的需要。

8. 让学生继续轮流抽纸条并选择需要卡。

9. 问大家：你是否能想到曾经做过一些事，不是为了尝试去满足人类共同的需要？

10. 鼓励学生不断寻找那些不是为了满足共同的需要的行为，并把这些想法都列出来一起讨论。

能力 3　满足需要的能力

··老师的准备工作··

▎课前准备▎

- ○ 准备两个单元所需的材料（请参阅下页的"材料"）。
- ○ 复印两个单元中"无错区"的分享，供2~4名学生阅读。
- ○ 复印两个单元的知识小百科和讯息。
- ○ 学习单元3a的当天早上把单元3a的知识小百科和讯息贴在课程信息中心。
- ○ 学习单元3b的当天早上把单元3b的知识小百科和讯息贴在课程信息中心。

▎能力3相关词汇▎

（这些词汇在单元3a和3b以及后面的单元中都会用到，你和学生们在开始各个单元的学习之前或学习过程中可能需要经常预习或复习。）

◎满足需要　　◎发明家

◎请求　　　　◎试验

◎压力　　　　◎错误

◎短路　　　　◎科学家

◎策略

单元 3a：满足需要的各种方法

目　　标： 发现满足需要的各种方法；让学生有更多满足需要的选择

活　　动：

- ○ 志愿者朗读来自"无错区"的分享、知识小百科和讯息（15分钟）
- ○ 探索活动：满足需要的各种方法（45分钟）
  活动类型：小组制作挂图

材　　料：

课前准备材料：

- ○ 准备空白表格填写满足需要的各种方法（查看探索活动：满足需要的各种方法）

手工制作所需材料：

- ○ 白板纸
- ○ 马克笔

单元3a中制作的材料：

- ○ 满足需要的各种方法清单

√　单元 3a 中要重复使用的之前的材料：无

单元 3b：从成功和错误中学习

目　　标：从日常生活经验中学习；带着科学家般的好奇心认真思考以下问题：我做了什么？结果如何？满足了什么需要？什么需要没有被满足？下一次我的做法会不一样吗？

活　　动：
- 志愿者朗读来自"无错区"的分享、知识小百科和讯息（15分钟）
- 探索活动：从日常生活试验中学习（45分钟）
  活动类型：小组练习

材　　料：

课前准备材料：
- 给每个学生复印一张生活试验日志（见附录2），还要在"无错区"多备一些

手工制作所需材料：
- 图画纸
- 蜡笔，彩色铅笔
- 约8厘米×13厘米的空白黄色硬卡纸（为了制作更多的需要卡）
- 剪刀

单元3b中制作的材料：

- 更多的需要卡

单元3b中要重复使用的之前的材料：

- 需要卡，人类共同的需要清单（贴在学生能看见的墙上）

要认识自己的需要。

单元 3a：满足需要的各种方法

来自"无错区"的分享

娜欧：今天的探索活动都是围绕找到最好的方法来满足需要的，这会大大提升你的能力。

米奇：开始之前，先做能量检查。确认一下，你们是否准备好了内在能量板、能量转化选择卡和需要卡。也许今天不会用到所有这些东西，但最好先准备着。请举起你的能量转化选择卡，让我们知道你准备好了。

【在这里暂停一下，确认所有人都准备好了材料。】

娜欧：好啦，让我们从一个问题开始：谁负责满足你的需要呢？

花几分钟想想这个问题。成长意味着你要为满足自己的需要负责。当你是婴儿时你需要很多帮助，现在你也需要父母和朋友的帮助。即使是成年人，也需要其他人的帮助。

米奇：所以，这不是说你不再需要帮助了，而是说你已清楚了自己的需要，就能告诉他人你希望得到什么帮助。清晰地提出请求会给你带来很大的帮助。

娜欧：例如，你特别希望有人倾听你，但你又不将这一点告诉任何人，那别人怎么知道呢？如果你只是冲着他们大喊大叫，而没有告诉他们你需要倾听，他们很有可能因得不到正确的信息而无法给你你想要的帮助。

米奇：今天我们探索满足需要的各种方法。

娜欧：你们要知道的第一件事是，有很多满足需要的方法。如果这个人不能倾听我，我可以找其他人倾听。

米奇：是的。如果你上课时感到坐立不安，但还没到课间休息时间，那么你可以试试能量转化法或别的方法，看看是否能回到平静警觉状态。

娜欧：一旦我知道满足需要的方法有很多，就算有些事并未如我所愿，我也不会觉得那么沮丧或不知所措了。因为我知道方法不止一种。

米奇：但是不要因为我们说了，你就相信。在接下来的探索活动和你的生活中，看看你会找到多少方法满足自己的需要。

能力 3a

知识小百科

○ 人类的身心健康仰赖于看到满足需要的方法不止一种。

○ 满足需要的方法有很多种!

○ 当人们只看到一种满足需要的方法时,就会感到有压力,从而无法正常发挥。

○ 当人们发现有很多方法可以满足需要时,他们就会放松下来,并且有信心找到令人满意的方法。

○ 只要愿意,人们可以学着发现许多满足需要的方法。

讯 息

○ 探索满足需要的多种方法的能力。

探索活动：满足需要的各种方法（45分钟）

目　　标：彼此了解；发现满足需要的各种方法；扩大学生的选择范围以满足需要

材　　料：白板纸，马克笔

活动类型：小组制作挂图

步　　骤：

1. 介绍今天的探索活动：今天的探索活动是关于如何满足需要的。

2. 把班级分成四五个小组。（如果是特别小的孩子，可以用全班活动来代替。老师带领学生讨论，并把学生的答案写下来。）

3. 每个小组拿一张白板纸[①]，在玩耍、尊重、学习、乐趣、安全、和平、运动这些词汇中选一个需要词汇写在白板纸的表头。

4. 小组中的每个人想一种自己满足这个需要的方法并写在白板纸上，同时在旁边写上自己的名字。

5. 等每个人写完以后，让全组成员到其他小组的白板纸前，

---

① 教师可以提前在白板纸上画上横线，让学生们直接写在线上，也可以设计成其他的样式。

每人写下一种可以满足需要的方法,并在旁边写上自己的名字。持续进行,直到每个学生在每张白板纸上都写下了自己的策略,然后把白板纸都贴在教室里。

6. 逐一看看白板纸上的内容,问大家:"你们有什么发现?在这个探索活动中,你们有什么体验?"

支持性活动

- 教师练习:留意你经常使用的满足需要的方法。想一些你可以尝试的新方法。
- 需要时,在班里做能量转化练习。
- 继续补充需要卡。
- 制作在探索活动中使用的新挂图:满足班级新需要的多种办法。

与其他课程的结合

结合历史、科学、社会学和语文课使用:

挑选语文、历史、社会学或科学课中出现的人物,探讨他们的需要以及他们满足需要的方法。和学生们讨论:

- 他们当时有什么需要呢?
- 他们用什么方法来满足需要?
- 结果如何?
- 你能为他们想到其他带来不同结果的方法吗?

单元 3b：从成功和错误中学习

▍来自"无错区"的分享 ▍

娜欧：你们知道吗？伟大的发明家爱迪生尝试了数千次实验后，才发现了电的原理。他说过："虽然我找到的一万种方法都不管用，但我依然没有失败。"因为他总能从中学到新东西，帮助他取得成功。

米奇：人类的科学家在学校时就开始训练从每一次试验中学习。我希望每个人都能获得这种方式的训练。这样，当他们犯了错时，就不会把时间浪费在糟糕的感觉上，或是唠叨着自己太失败了，又搞砸了。错误只是尝试新鲜事物的一部分而已。

娜欧：是的。你可以从成功中学习，也可以从错误中学习，这样学习才更有乐趣。

米奇：当你犯错时，可能会感觉很糟。但我们希望你可以很快看到另一面，对自己好一些，让学习也更有乐趣。

能力 3b

知识小百科

○ 生活由一次又一次的试验构成。
○ 人们可以从试验中找到满足需要的最好方法。
○ 一旦把错误看作失败,人们就无法从试验中学习。
○ 人们可以从科学家的经验中得知:不要直接判断失败了,而要看我们从中能学到什么东西。

讯 息

○ 从日常生活试验中学习;像科学家一样好奇并思考下列问题:
　1. 我做了什么?
　2. 结果如何?
　3. 哪些需要得到了满足?
　4. 哪些需要没有得到满足?
　5. 下次有什么不同的做法吗?

探索活动：从日常生活试验中学习（45分钟）

目　　标： 发现满足需要的多种方法；从日常生活试验中学习

材　　料： 图画纸，蜡笔，签字笔，需要卡，生活试验日志复印件（见附录2）

活动类型： 小组练习

活动流程：

1. 向学生介绍今天的探索活动：今天我们要探索如何从生活试验中学习。

2. 让学生写下或画出最近做过的一件不如意的事情。

3. 在所有人完成后，把他们分成2~4人组成的小组，在小组里讨论以下问题：

   你做了什么？（你的策略是什么？）

   结果如何？

   哪些需要得到了满足？

4. 让学生从他们的需要卡里挑出能代表他们需要的需要卡放在面前。如果有人不太确定自己的需要，可以请小组成员或全班同学帮忙。如果现有的卡片里没有想找的需要，可以当场制作一张加到他们的需要卡里。

5. 让大家在小组里继续讨论：他们的方法无法满足的需要有

哪些?

6. 让学生想出其他三种可以尝试的方法。(在小组里两人一组或三人一组分享答案。)

7. 向学生介绍生活试验日志。也许有人想把这次探索活动也当成一次日志,那也写下来。日志就是用来随时记录生活中发生的事情的。在"无错区"可以放上一些空白的生活试验日志供学生们取用。

支持性活动

- 教师练习:留意自己犯错时的反应。思考单元 3b 的讯息或填写生活试验日志,从错误中学习,而不是批评或者责怪自己。

- 确保"无错区"一直放有空白的生活试验日志。如果哪个学生做了什么未能如其所愿的事情,建议他写成一份生活试验日志,让他从错误中学习,而不是责备自己或者把试验当作是一次失败。

与其他课程的结合

结合语文或历史课使用:

围绕以下问题和学生们讨论课本中人物的行为(包括文学作品中的虚构人物和历史人物):

- 他们的行为满足了什么需要?
- 他们选择了什么方法呢?

- 结果如何？
- 是否成功地满足了他们的需要？
- 他们的行为是否妨碍了他人（或动物、自然环境）满足需要？

如果他们的行为引发了冲突或造成了不愉快的结果，还可以问学生：

- 想想有别的方法可以带来更好的结果吗？

成长意味着你要为满足自己的需要负责。

能力 4　觉察感受的能力

··老师的准备工作··

▎课前准备 ▎

- 两个单元所需的材料（请参阅第 94 页的"材料"）。
- 复印两个单元中"无错区"的分享，供 2~4 名学生阅读。
- 复印两个单元的知识小百科和讯息。
- 学习单元 4a 的当天早上把单元 4a 的知识小百科和讯息贴在课程信息中心。
- 学习单元 4b 的当天早上把单元 4b 的知识小百科和讯息贴在课程信息中心。

▎能力 4 相关词汇 ▎

（这些词汇在单元 4a 和 4b 以及后面的单元中都会用到，你和学生在开始各个单元的学习之前或学习过程中可能需要经常预习或复习。）

- ◎感受　　◎侦探
- ◎信号　　◎评价
- ◎重要的　◎意见
- ◎识别　　◎解释

单元 4a：感受与需要的关系

目　　标： 设计增进理解和沟通以及化解冲突的工具；练习和丰富感受词汇；明确感受和需要之间的关系

活　　动：

- 志愿者朗读来自"无错区"的分享、知识小百科和讯息（15 分钟）
- 探索活动：感受与需要的关系（5 分钟）
  活动类型：课堂讨论
- 探索活动：感受清单（15 分钟）
  活动类型：课堂讨论
- 探索活动：制作感受卡（25 分钟）
  活动类型：手工制作
- 延伸活动：猜感受（可选择的 5~20 分钟练习，可在结束单元 4a 后的某天做）
  活动类型：哑剧表演

材　　料：

课前准备材料：

- 空白感受清单（参见探索活动：感受清单）

手工制作所需材料：

- 白板纸

- 画架或胶带
- 马克笔
- 约8厘米×13厘米的粉色硬卡纸（每个学生5~10张，多准备一些备用）
- 剪刀
- 签字笔

单元4b中制作的材料：

- 感受清单
- 感受卡
- 供教学演示的大感受卡

单元4b中要重复使用的之前的材料：

- 内在能量板，感受温度标记，能量转化选择卡，需要卡

延伸活动材料：

- 一套感受卡（最好是全班都能看见的大卡）

单元 4b：区分感受和想法

目　　标：侦测感受和想法的不同，学会描述感受的方法以区分感受和想法，避免由于混淆两者而造成的困惑、误解和冲突

活　　动：

- 志愿者朗读来自"无错区"的分享、知识小百科和讯息（15分钟）
- 探索活动：如何区分感受和想法（25分钟）
  活动类型：教师引导讨论
- 探索活动：虚假感受——容易混淆的想法和感受（20分钟）
  活动类型：手工制作，课堂讨论
- 延伸活动：不要让别人成为你感受的主人（单元4b结束后可选做的15分钟练习）
  活动类型：课堂讨论

材　　料：

课前准备材料：

- 感受和想法的脚本（可参考探索活动：如何区分感受和想法）
- 纸袋、帽子或盒子（可参考探索活动：如何区分感受和想法）

手工制作所需材料：

- 白板纸

- 马克笔
- 约 8 厘米 ×13 厘米的白色硬卡纸（每个学生 2 张）

单元 4b 中制作的材料：

- 表达感受的例句
- 表达想法的例句
- "感受"和"想法"闪卡

单元 4b 中要重复使用的之前的教具：

- 内在能量板，感受温度标记
- √ 拓展探索活动材料：无

单元 4a：你的感受温度计

▌来自"无错区"的分享 ▌

米奇：我们今天探索一个有趣的地方。首先进行能量确认：你有内在能量板、需要卡、能量转化选择卡吗？举起你的选择卡让我们知道你已经准备好了。

【暂停一下，直到每个人都准备好了。】

娜欧：今天探索你们的内在运作系统的新区域——感受。了解感受对你的身心健康非常重要。你们将学习了解自己的内心，明白自己的感受。为了帮助你做到这一点，我们今天就从感受卡开始吧。

米奇：大多数人对快乐、悲伤、生气、害怕、惊讶等感受不陌生。而一旦你知道注意心里特定的地方，就会发现还有很多感受等着你去学习解读。

娜欧：我们相信当你看到自己的内在运作系统里有那么多的感受时，一定会感到有趣。你们也会惊奇地发现，一天内，或者一个小时甚至几分钟之内，感受都在不停地改变。

米奇：很少有人问起"感受是从哪里来的？"，也没有几个人知道答案。我们在"无错区"可以知道，感受与需要是有关系的。感受就像汽车仪表盘上的红灯，是有用的信号，提醒我

你可以"解读"你的感受。

们:"注意啦!"

娜欧:或者就像电话铃响了,它提醒你,"注意啦,需要在呼叫你!"

米奇:想一想:如果你没有饥饿感,比如肚子咕噜咕噜叫提醒你,那你是怎么知道身体需要食物的呢?你的内在运作系统里所有不舒服的感受都在提醒你:有需要等着你满足。

娜欧:舒服的、愉快的感受是需要得到了满足的信号,那是庆祝的时刻!而感受是信号,总是提醒你"注意啦!"。

米奇:我现在非常好奇,你们会在接下来的两个探索活动中有什么发现呢?让我们开始吧!

能力 4a

知识小百科

- 人们的身心健康与否取决于对感受的精准解读程度。
- 感受是需要的信使。
- 当需要被满足后,人们会感觉心平气和、心满意足;当需要没有被满足时,人们就会觉得悲伤、沮丧和恐惧。
- 只要愿意,人们可以学习解读感受和管理感受。

讯 息

- 丰富你的感受词汇表。
- 了解你的感受。它们在传递重要的信息,告诉你什么对你是重要的、什么是你需要的。

探索活动：感受与需要的关系（5分钟）

目　　标： 探索感受与需要的关系
材　　料： 内在能量板，感受温度标记
活动类型： 课堂讨论
步　　骤：

1. 进入平静警觉：请学生们查看自己的感受温度计。如果需要，邀请一名学生带领大家做能量转化练习，让大家进入平静警觉，准备好开始下面的活动。

2. 开始讨论。重述双胞胎的分享：所有的感受都是为了提醒我们注意当下的需要。例如，如果我们较长时间没吃东西，会觉得饿或者有些烦躁，这些感受在提醒我们该吃饭了。一天快结束时，身体疲惫和心情暴躁是告诉我们该睡觉了。所有感受都是需要的信使。

3. 问学生以下问题并聆听他们的回答：回想一次这样的经历，你有较长时间没吃饭了，你觉得很饿。你吃完东西后感觉怎么样呢？

4. 问学生以下问题并聆听他们的回答：回想一次想被人理解并且得到了别人的理解的经历，你有什么感受？

5. 问学生以下问题并聆听他们的回答：回想一次想被人理解

但没得到别人的理解的经历，你有什么感受呢？
6. 问学生：对感受有什么疑问吗？
7. 进入下一个探索活动：感受清单。

▍探索活动：感受清单（15分钟）▍

目　　标：连接感受和需要；丰富感受词汇

教　　具：白板纸（一张），画架或胶带

活动类型：课堂讨论

步　　骤：

1. 把白板纸分为两列。在白板纸顶端写上标题"感受"。第一列上面写**"需要得到满足时"**，在另一列上面写**"需要没有得到满足时"**。

2. 鼓励学生们尽可能想出所有感受词汇，查看每个词汇并将其写在合适的一列中。

3. 进入下一个探索活动：制作感受卡。

▍探索活动：制作感受卡（25分钟）▍

目　　标：设计增进理解和沟通以及化解冲突的工具，练习和丰富感受词汇；找到感受和需要之间的关系

教　　具：约8厘米×13厘米的粉色硬卡纸（每个学生5~10张），剪刀，签字笔或马克笔，感受清单（贴在教室前面，让每个人都可以看到）

活动类型： 手工制作

步　　骤：

1. 给每名学生发 5~10 张硬卡纸，让大家把卡片对折剪开，这样每个人就有 10~20 张卡片了。

2. 让学生在每张卡片上写一个感受词汇。他们可以参考贴在墙上的感受清单，也可以在教室里走动，从其他同学那里获得灵感。

3. 学生们可能想在本周内利用课间休息、早上课前、放学后或者任何"无错区"课程以外的其他时间继续制作感受卡。老师可以在"无错区"手工材料区放上空白卡片和马克笔，方便大家随时使用。

支持性活动

- 教师练习：制作自己的感受卡。
- 在"无错区"手工材料区放一些附录 2 中"感受和需要的关系"的复印件，方便学生在需要时取用。
- 让学生写下至少 15 张感受卡，这些卡片可以在随后的延伸活动中派上用场。
- 可以把课堂上新学的感受词汇添加到全班的感受清单中，学生随后也可以把它加进自己的感受卡里。
- 邀请志愿者为班级制作两套大的感受卡供教学时使用（每张感受卡是约 8 厘米 ×13 厘米的粉色卡片）。
- 请求展示卡片：当学生坐立不安时，请他举起感受卡或需要卡，让大家知道他怎么了。

与其他课程的结合

结合历史、科学、社会学、语文课使用：

从语文、历史、社会学或科学课中选择一些人物，问大家：这个人（或群体）做那件事时有什么感受？他们是为了满足什么需要呢？让学生们尝试猜猜看[①]。说出答案或举起感受卡和需要卡。

也可以把卡片用在科学、政治、历史或其他学科的辩论中。让一两个或更多学生代表用感觉卡来表达辩论各方的感受，用需要卡来表达这些感受的根源。

延伸活动：猜感受（5~20分钟）

目　　标： 通过面部表情和肢体语言识别感受；获得乐趣
材　　料： 一套每个人都能看见的感受大卡片
活动类型： 哑剧表演
步　　骤：

1. 邀请一名学生志愿者站起来（站在大家围成的圆圈内或者教室最前面）。

2. 请这位同学抽一张感受卡给其他同学看，但是他自己不要看。

[①] 在猜测别人行为背后的需要时，记住（并提醒学生），这永远而且仅仅是猜测。重要的是，要与当事人核对，以确定猜测是否准确。

3. 请志愿者邀请另一名学生表演卡片上的感受，目的是让这名志愿者说出卡片上的感受。
4. 其他同学可能也想轮流猜词，老师应根据情况调整活动时间。

改编活动：感受字谜

一名学生选择一张感受卡，自己默读，不展示给别人。然后这名学生把相应的感受表演出来，让大家说出猜测结果（或者点名让同学猜）。

猜感受和感受字谜，可在本周的短课程环节重复做，也可以在振奋学习精神、增加学习乐趣或理解感受词汇时进行。

单元 4b：区分感受和想法

▍来自"无错区"的分享 ▍

娜欧：感受是你内在运作系统中非常重要的信号，所以能清晰地解读感受尤为重要。通常，清楚地表达感受很简短，比如我很伤心、我感到害怕、我很开心等。

米奇：麻烦的是人们经常把感受和想法混为一谈，这会引起很多混乱和误解。比如有人说"我觉得她不想和我玩"。注意到没，这并没有告诉你说话人的感受，她说的是她的想法：她认为对方不想和她玩。

娜欧：如果有人像这样混淆了感受和想法，你可能就要像侦探那样来猜测他的感受：我猜他感到难过、受伤或者失望。

米奇：你可以训练自己像侦探一样思考，以发现感受和想法之间的差别。这就是你将在今天的探索活动中练习的。祝你玩得开心！

能力 4b

知识小百科

○ 人们常常混淆感受和想法。很多时候,他们说"我感觉"(I feel),其实是在表达"我认为"(I think)。

○ 混淆感受和想法容易导致混乱、误解和冲突。

讯 息

○ 为避免混乱和冲突,要确保你描述感受时,没有将感受与想法混为一谈。

探索活动：如何区分感受和想法（25 分钟）

目　　标： 学会区分感受和想法

材　　料： 内在能量板，感受温度标记，感受和想法的脚本清单，白板纸，马克笔

活动类型： 教师引导讨论

步　　骤：

1. 进入平静警觉：请学生们查看自己的感受温度计。如果需要，你可以邀请一个学生带领大家做一个能量转化练习，让大家进入平静警觉，准备开始下面的活动。

2. 重述双胞胎的分享：感受源于需要得到满足和没有得到满足。感受通常只是一个词，如悲伤、生气、高兴、沮丧、忧虑等。表达感受也只需几个字：我感到生气；我感到悲伤；我感到开心。

    想法是看法、意见、评判或解释。想法通常听起来是这样的：

    "我认为这不公平。"

    "我认为她还不够努力。"

    "我认为她很刻薄。"

    人们有时把感受和想法混为一谈，并且用"觉得"这个词来表达想法，就像下面这样：

"我觉得这不公平。"

"我觉得她还不够努力。"

"我觉得她很刻薄。"

事实上，当人们说"觉得"时，基本上都是指想法，而不是感受。

3. 给学生们读下面的感受和想法的脚本清单，每读一句都让大家举手表决，这句话是感受还是想法。

4. 让每个小组都说说他们选择的理由。在需要时，帮助大家澄清感受和想法的区别。

5. 让学生写出描述感受和想法的句子。他们可以大声读出来，让其他同学猜猜是感受还是想法。

6. 在探索活动结束时，邀请志愿者收集所有的句子，把它们写在白板纸的左右两列，一列的标题是感受，另一列的标题是想法。把这个清单贴在教室里，定期添加其他例句。

感受和想法的脚本清单

"我觉得不耐烦。"（感受）

"我觉得很兴奋。"（感受）

"我觉得你不应该取笑我。"（想法）

"我觉得他很刻薄。"（想法）

"我觉得非常放松。"（感受）

"我觉得我搞砸了。"（想法）

"我很生气。"（感受）

"我很平静。"（感受）

"我觉得你很烦。"（想法）

"我很担心。"（感受）

"我觉得你应该更体贴些。"（想法）

"我很难过。"（感受）

"我很兴奋。"（感受）

"我觉得充满希望。"（感受）

"我觉得有些事要改变，否则我就退出。"（想法）

"我觉得你应该更善解人意。"（想法）

"我觉得你很霸道。"（想法）

"我很惊讶。"（感受）

"我觉得这里太吵了。"（想法）

"我觉得你在催我。"（想法）

改编活动：感受还是想法

把感觉和想法的例句写在不同的纸条上，放进纸袋里。让学生选一个朗读并说出这是感觉还是想法。如果有困惑，可以和其他人讨论。

继续下一个探索活动：虚假感受——容易混淆的想法和感受。

探索活动：虚假感受——容易混淆的想法和感受（20分钟）

目　　标：学习识别感受和容易被当作感受的想法的不同

材　　料：约8厘米×13厘米的白色硬卡纸（每个学生两张），彩

笔或马克笔

活动类型：手工制作，课堂讨论

步　　骤：

1. 给每个学生发两张硬卡纸。让他们在其中一张上写上"**感受**"，在另一张上写上"**想法**"。

2. 说明：感受是内在运作系统发送的信号。它是身体发出的信号，提醒你正在发生的事情。表达感受的句子听起来是这样的：我感到悲伤；我感到担心；我感到害怕；我感到兴奋。

3. 说明：想法是你对自己或他人所做的事情的判断。例如：我认为你想控制我；我认为你没听我说话。

4. 说明：人们常常把感受和想法混为一谈。例如这样的话：我觉得被控制了；我觉得被忽视了。

5. 教学引导语：听我读下面的句子，找出哪些是表达感受，哪些是对别人行为的想法或判断。当你听到感受时，举起你的"**感受**"卡。当听到想法时，举起"**想法**"卡。

6. 教师读下面的例句："我觉得自己被忽略了。"

7. 学生举起"**感受**"卡或者"**想法**"卡。

8. 从举起"**想法**"卡的学生中选一位。

9. 讨论：是的，"我觉得被忽略了"是想法，而不是感受。这句话是什么意思呢？（例如：我认为你无视我的存在。）如果这个学生不知道这个句子背后的意思，可以向另一个学生求助。

10. 复习：再读一遍相同的句子："我觉得自己被忽略了。"解释如何寻找想法背后的感受，可以这样问：当你认为自己被忽略时，你有什么感受？（可能的感受：受伤、惊讶、愤怒等。）
11. 重复第6步到第10步：读下面例句中的另一句，或者让学生读另一句。对于貌似是感受但实际上是"想法"的句子，重复第7步到第10步。如果大家都同意一句话是真实的感受而不是虚假的感受，就再换一句话继续。

更多的感受和想法的例句

"我很伤心。"（感受）

"我觉得被逼得走投无路了。"（想法）

"我觉得被控制了。"（想法）

"我觉得饿了。"（感受）

"我觉得被冷落了。"（想法）

"我觉得自己被打倒了。"（想法）

"我觉得被拒绝了。"（想法）

"我觉得很放松。"（感受）

"我觉得被骗了。"（想法）

"我觉得被抛弃了。"（想法）

"我觉得很不安。"（感受）

"我觉得受到了攻击。"（想法）

"我觉得很害怕。"（感受）

"我觉得被指责了。"（想法）

虚假感受：区分感受和想法的词汇

（教师把以下清单里的词读给大家，并把这个清单贴在教室里，方便学生们随时添加。）

- 被接纳
- 被批评
- 被人无礼对待
- 被鄙视
- 被迫
- 被羞辱
- 被贬低
- 被侮辱
- 被拒绝
- 被骚扰
- 被欺骗
- 被忽略
- 被压迫得要窒息了
- 被嘲讽
- 被威胁
- 被胁迫
- 进退两难
- 被推翻
- 被无视
- 被遗忘
- 不重要
- 受人摆布
- 不受重视
- 被误解
- 被利用

支持性活动

- 教师练习：注意平时思考和说话时混淆感受和想法的时刻。
- 在本课程的一周中，学生们可以收集感受句和掺杂着想法的感受句。他们可以把收集到的话语写在白板纸上，还可以把听到的虚假感受也写下来。
- 让学生完成感受与想法练习题。(练习题见附录2，你可能已经按照单元4a中的建议，把练习题的复印件放在"无错区"了。附录2中练习题答案为：F T F F T T F F T F T T T F T T F T T T。)
- 留意可以让学生填写生活试验日志的机会。

与其他课程的结合

　　结合语文课使用：

　　在阅读故事中的人物对话时，留意使用虚假感受的例子。

▍延伸活动：不要让别人成为你感受的主人（15分钟）▍

目　　标： 学习如何为自己的感受负责
材　　料： 无
活动类型： 课堂讨论
步　　骤：

1. 进入平静警觉：让学生们查看自己的感受温度计。如果需要，请一名学生带领大家做一个能量转化练习，以进入平静警觉来开展活动。
2. 说明：感受是需要的信号。你的感受是你的，别人没有权力决定你的感受，除非你把这个权力交给他们。

当你说出下面这样的话时，就意味着别人成了你感受的主

人:"你让我很开心。""你让我很生气。""他真让我烦。"这些句子说明别人的言行决定了你的感受。这就是说,因为你认为别人导致了你的感受,所以他们决定了你有什么感受。当你把自己的感受和需要联系起来时,负责你内心状态的是自己。你说的话可能是这样的:

"当你问起我这一天过得怎么样的时候,我很开心,因为这满足了我对友谊和善意的需要。"

"当我看到他把球从小孩子手里抢走的时候,我很生气,因为我看重尊重。"

"当铃声响起的时候,我正在解一道数学题,我感到烦躁,因为我希望一鼓作气地完成作业。"

3. 问问学生:听到这些话你们有什么感受呢?
4. 请全班一起讨论。

支持性活动(上一个延伸活动的拓展:不要让别人成为你感受的主人)

- 教师练习:注意自己有时使用的语言是否暗示着别人是你感受的决定者,那正是你把权力交付给别人的时候。试着练习把感受和需要相联系:我感到_____因为我需要_____。

- 注意自己(或学生)说"你让我_____"的时候。问问自己(或学生)是否愿意把自己的权力交出去,让别人对你自己的感受负责。

与其他课程的结合（上一个探索活动的拓展：不要让别人成为你感受的主人）

结合语文课使用：

在课文中找到这样的例子：一个角色说："你让我_____。"

试着把这句话改写成这个角色可能会做出的一个赋能的表达：当这种情况发生时，我感到_____因为我需要_____。

能力 5　观察的能力

‥老师的准备工作‥

课前准备

- 准备两个单元所需的材料（请参阅第 119 页的"材料"）。
- 复印两个单元中"无错区"的分享，供 2~4 名学生阅读。
- 复印两个单元的知识小百科和讯息。
- 学习单元 5a 的当天早上把单元 5a 的知识小百科和讯息贴在课程信息中心。
- 学习单元 5b 的当天早上把单元 5b 的知识小百科和讯息贴在课程信息中心。

能力 5 相关词汇

（这些词汇在单元 5a 和 5b 以及后面的单元中都会用到，你和学生在开始每个单元的学习之前或学习过程中可能需要经常预习或复习。）

◎想法　　　　◎观察

◎误解　　　　◎事实

◎负面想法　　◎思考

◎ 故事　　　　◎ 思维习惯
◎ 妄下结论　　◎ 贴标签
◎ 准确　　　　◎ 刺激

单元 5a：观察

目　　标：学习观察事实的技巧，以便准确了解正在发生的事情，做出明智的选择，解决问题，预防和化解冲突

活　　动：

- 志愿者朗读来自"无错区"的分享、知识小百科和讯息（15 分钟）
- 探索活动：什么是观察（15 分钟）
  活动类型：手工制作，教师引导讨论
- 探索活动：那是观察吗（30 分钟）
  活动类型：班级集体决议
- 延伸活动：说出一个观察（可选做的 30 分钟练习，在结束单元 5a 后的某天做）
  活动类型：小组练习

材　　料：

课前准备材料：

- 一套写了观察或想法的展示卡（见附录 2 的范例）
- 存放展示卡的盒子
- 在教室相对的两面墙上贴上约 72 厘米 ×28 厘米的标志，在一个标志上写上"观察"，在另一个上写上"想法"。

手工制作所需材料：

- 约 8 厘米 ×13 厘米的白色硬卡纸（每个学生 5 张）

- 剪刀
- 马克笔

单元 5a 中制作的材料：

- 两张选择卡

单元 5a 中要重复使用的之前的材料：

- 内在能量板，感受温度标记，需要卡，感受卡，能量转化选择卡，能量转化练习说明复印件

延伸活动材料：

- 100 张约 8 厘米 ×13 厘米的白色硬卡纸

单元 5b：训练自己像摄像机一样看和听

目　　标：学会像摄像机一样清楚地看和表达，获得观察的活力，并注意什么时候把想法、观点、故事或解释添加到了观察中

活　　动：

- 志愿者朗读来自"无错区"的分享、知识小百科和讯息（15 分钟）
- 探索活动：像摄像机一样看（25 分钟）
  活动类型：观看视频，课堂讨论
- 探索活动：像录音机一样听（20 分钟）
  活动类型：播放音频，课堂讨论

材　　料：

课前准备材料：

- 视频播放设备
- 视频资料
- 音频播放设备
- 一段两人对话的音频资料
- 复印阅读资料中的描述性段落（仅用于支持性活动）

√ 手工制作所需材料：无

☑ 本单元课程要制作的材料：无

单元5b中制作的材料：

无

单元5b中要重复使用的之前的材料：

o 能量转化练习说明，观察和想法选择卡，一套想法教学展示卡（使用单元5a中制作的范本）

单元 5a：观察

▌来自"无错区"的分享 ▌

米奇：嗨！你们想知道科学家是如何思考的吗？为什么他们能发现那么多新事物？这就是我们今天要探索的能力 5——观察的能力。

先检查一下你们的工具。我们今天可能不会全都用到，但还是希望你准备好，以防万一。对了，今天你还会收到两张新的选择卡，把它放到你的卡片组里。你现在应该有：内在能量板，需要卡，感受卡，一张能量转化选择卡。举起你的能量转化卡，告诉我们你已经准备好了。

【暂停一下，直到每个人都准备好了。】

娜欧：好啦，现在我们复习一下想法。当人们感受太热或者太冷时，通常就会产生负面的想法，开始给自己编故事，并匆忙下结论。这样他们就不能再看到或听到实际发生的事情了。

米奇：你听过类似这样的话吗？"你太刻薄了。""你错了。""你真愚蠢。""你不是我的朋友。"

娜欧：我听过，我猜你们也听过。这些想法都是判断和贴标签，会刺激一些人产生强烈的感受。

米奇：而这些强烈的感受通常就是争执和战争的开始。

> 人们的幸福取决于他们观察现实的能力——看到和报告事实的能力。

娜欧：科学家必须培养观察能力。他们仔细地观看和倾听，然后如实记录下来。在这个过程中，他们不会掺杂任何想法，对在书本上读到的或电视上看到的任何东西也如此。他们只是写下他们所看到和听到的。

米奇：想法会妨碍观察。想法就像汽车挡风玻璃上的泥巴，让你很难看清真相。同样，你也很难透过想法看到事实。

娜欧：如果一个科学家在观察野生大猩猩的过程中，开始想她不喜欢大猩猩的哪些特性，或者大猩猩应该或不应该做什么，那么她就会对眼前的一切视而不见。

米奇：所以这是生活中非常重要的能力，对吧？

娜欧：是的！

米奇：我们已经准备好进行这次探险了。让我们开始发展自己的观察能力吧！

能力 5a

知识小百科

○ 人们的身心健康与否取决于他们观察事实的能力高低：看清事实和记录事实。

○ 大多数人花很多时间思考什么是事实，而不是单纯地观察事实。但其实这样做只会妨碍他们看清事实，并常常导致争论、冲突和战争。

○ 只要愿意，人们就可以学会观察事实，获得最准确的信息以做出正确的人生抉择。

讯 息

学会像科学家或侦探一样观察事实，这将会提升你在生活中做以下四件重要事情的能力：

○ 准确了解当下的状况。
○ 做出明智的选择。
○ 解决问题。
○ 预防和化解冲突。

探索活动：什么是观察（15分钟）

目　　标： 明晰观察和想法（或故事）的区别

教　　具： 内在能量板，感受温度标记，约8厘米×13厘米的白色硬卡纸（每人一张），剪刀，签字笔

活动类型： 手工制作，教师指导讨论

步　　骤：

1. 进入平静警觉：请学生们查看自己的感受温度计。如果需要，可以邀请一个学生带领大家做能量转化练习，让大家进入平静警觉，准备开始下面的活动。

2. 给每个学生发一张约8厘米×13厘米的白色硬卡纸，制作两张新的选择卡："观察"和"想法"。（让学生把硬卡纸剪成两半，每张卡片上写下这两个标题。在本次探索活动结束之后，让他们把新制作的选择卡和能量转化选择卡放在一起，以供将来使用。）

3. 使用以下脚本来介绍探索活动（也可以修改例句）：为了探索观察和想法之间的区别，我愿意给你们读一些句子，其中有些是对事实的观察，有些是想法或故事。

   观察的例句：

   "我看见厨房的桌子上有一个苹果。"

   "我听到了火车的汽笛声。"

"我还没说完呢，你就开始说话了。"

在事实中加入想法的例句：

"不应该把那个苹果放在厨房的桌子上。"

"火车太吵了。"

"你很没有礼貌。"

现在，我要再读几句话。这一次，请举起你的"观察"或者"想法"选择卡，看看你听到的是什么。

4. 依次读出下面的观察和想法的脚本，让学生们回答。

观察和想法的脚本清单

"你疯了。"（想法）

"他说他不同意你说的话。"（观察）

"我真笨。"（想法）

"我不懂这个问题。"（观察）

"你是小偷。"（想法）

"我离开课桌后，你从我桌上拿走了我的铅笔。"（观察）

"你太刻薄了。"（想法）

"你说课间和我一起玩，结果你没有。"（观察）

5. 鼓励大家对观察与想法的区别稍做讨论。（也可以让学生们收集听到的自己或其他人所说的观察和想法的句子，记在日记里或班级清单里，供练习和后续讨论使用。）

探索活动：那是观察吗（30 分钟）

目　　标： 学会区分观察和想法

材　　料： 预先准备好教学用卡，每张卡片上写一个观察或想法的句子（见附录 2 中的模板），装教学用卡的盒子，两张约 22 厘米 ×28 厘米的标志牌，马克笔

活动类型： 班级集体决议

步　　骤：

1. 在教室相对的两面墙上分别贴上标志牌，一张写"观察"，另一张写"想法"。
2. 把写着表达观察和想法的句子的教学用卡放到事先准备好的盒子里，让每个学生抽一张。
3. 让学生们默读卡片上的句子，然后走到他们认为相对应的标志牌下面。
4. 让站在"想法"那里的学生轮流读出他们卡片上的话。
5. 在每个学生读完自己手中的话以后，请同意这是一个想法而不是观察的同学举手。如果全班都认同这句话是观察，那么持有该卡片的学生就走到"观察"的标志牌下。
6. 问同学们，谁手里有与该想法对应的观察卡，请这位同学读出卡片上的话。
7. 当一个表述判断的句子与一个观察的句子匹配上时，两位学生就拿着这两张卡片坐下。（如果每个学生都拿了一张后，

盒子里还剩下一些卡片，那么有些卡片可能就不能配上对了。你可以让学生继续从盒子里抽卡片，直到配对合适为止；你也可以等学生手里的卡片先配完对，剩下最后配不上对的句子时再从盒子中抽取，直到最后一个学生配对成功。）

8. 在所有人都坐下后结束活动。
9. 请全班讨论：你有什么发现？你观察到了什么？学到新东西了吗？
10. 请拿到对应卡片的同学两人一组，设计新的观察和想法的配对卡。把大家制作的卡片收集起来备用。

支持性活动

- 教师练习：区分对事实的观察和想法，特别是当你观察课堂情况和学生时。你可以通过记录课堂上发生的事情来练习，看看会发生什么。
- 扩充你的感受卡和需要卡，让学生们也这样做。
- 可以继续带领或邀请学生带领大家做能量转化练习，进入平静警觉以专注于课堂活动。
- 和学生们一起查看班级公约：这些约定效果怎么样？有没有人提出调整或补充建议，让班级需要更好地得到满足？

与其他课程的结合

结合语文课使用：

大声朗读或请学生们读一些文学片段。可以考虑使用包含人物对话的段落，因为对话尤其能帮助大家更好地理解"观察的能力"的含义。让学生识别人物或作者是在进行观察还是在表达想法，并用新制作的"选择卡"来表示他们的猜测："观察"或"想法"。

延伸活动：说出一个观察（30 分钟）

目　　标：学习将想法转化为观察

材　　料：在单元 5a 中使用的想法教学用卡，或者是学生们新制作的想法教学用卡；约 8 厘米 ×13 厘米的白色空白硬卡纸（100 张或者 2~4 人小组每组 10 张）；签字笔或马克笔。

活动类型：小组练习

步　　骤：

1. 把学生们分成小组，2~4 人一组。
2. 给每个小组 10 张想法教学用卡，或者让大家在空白的硬卡纸上写新的表达想法的句子，每张卡片上写一句。
3. 当每个小组都有 10 张想法教学用卡时，请各小组把每个想法改写成表达观察的句子。
4. 每组找一名志愿者把观察的句子写在空白卡片上。
5. 当所有小组都有 10 个想法和观察句后，请每个小组轮流和全班分享其中几个。

6. 问学生这次探索活动是否产生了新问题：在这次探索活动中，有没有人对观察和想法有新发现？
7. 活动结束后，你可以把这些教学用卡一一对应贴在公告栏中，并把它们添加到观察和想法教学卡中，以备后用。

单元 5b：训练自己像摄像机一样看和听

▌来自"无错区"的分享▌

娜欧：现在，你已经有了一些识别不掺杂想法、纯粹的观察的经验了。接下来，你可以开始在日常活动中留心听。

米奇：这会很有趣的。有时候你也许只是坐下来听几分钟，注意一下你听到了多少纯粹的观察，有多少是和想法混在一起的。

娜欧：虽然你已经理解了观察，但可能常常发现自己做不到纯粹地观察。这需要多做练习才能做到，因为在观察中掺杂想法的旧习惯很顽固。

米奇：为了帮助你们更好地理解观察，我们现在开始另一个探索活动。

能力 5b

知识小百科

○ 科学家和侦探训练自己仔细客观地观察事实，他们的眼睛和耳朵就像摄像机一样。
○ 摄像机只记录影像，没有任何想法、故事、意见或解释。没有人对摄像机所记录的内容有争议。
○ 人们可以训练自己像科学家或侦探那样，清楚地观察正在发生的事情。

讯 息

如果你想把事情看清楚、讲明白，那么需要训练自己去观察：

○ 训练自己像摄像机一样看事情。
○ 在事实中是否加入了想法、故事或观点。

探索活动：像摄像机一样看（25分钟）

目　　标：培养视觉观察能力；练习不掺杂想法地看到事实
教　　具：视频播放设备和视频资料，观察和想法选择卡
活动类型：观看视频，课堂讨论
步　　骤：

1. 介绍探索活动：先和大家回顾一下双胞胎的分享。你认为他们为什么建议我们训练自己像摄像机一样看东西呢？为了学会像摄像机一样看东西，接下来我们要做两个试验：一个是关注我们在视频中看到的；另一个是关注我们去户外散步观察到的。
2. 播放一小段人们相互交流的短片视频。
3. 指导学生如何观看视频：在看这个短片的时候，假装自己就是一部摄像机，看看视频中发生了什么事情。之后让学生说说他们的观察。
4. 视频播放完后，问问学生，他们观察到了什么："我想听听你们的观察，所以我会请同学分享自己的观察。如果有人听到观察中混淆了想法或故事，举起你的想法卡，我会再请你说说你听到刚才的那位同学说了什么。"大家都分享之后，如果有人要补充什么，可以举手发言。

探索活动：像录音机一样听（20分钟）

目　　标：培养听觉观察能力；练习不掺杂想法地听到事实

教　　具：音频资料，音频播放设备，观察和选择卡

活动类型：播放音频，课堂讨论

步　　骤：

1. 播放一段录好的简短的两人对话（或电影、电视节目中的简短对话）。

2. 邀请志愿者分享他们听到的内容。

3. 听分享的学生不管听到观察还是想法，都举起对应的选择卡。如果有必要，提醒他们这是一个听觉观察的训练，而不是在测验对错。

4. 和学生们讨论：在这个探索活动中留意到些什么呢？

支持性活动

- 教师练习：留意自己的描述是对事实的观察还是加入了自己的想法、解释或故事。

- 学生两两一组，每组阅读一段描述性文字。一个学生读两句，另一个学生重复听到的句子，两人轮流进行。和学生们讨论：在这个试验中有什么发现？

- 试验：学生两两一组，在户外散步十分钟，相互分享观察到的景象，并留意掺杂的想法。当同学们重新聚在一起后，问问他们注意到了什么。邀请志愿者分享他们的观察。

- 扩充感受和需要词汇。

- 做能量转化练习。

与其他课程的结合

　　结合语文、科学、社会学或历史课使用：

　　留意课本中的人物什么时候在观察中掺杂了想法、故事，什么时候做出了清晰的观察。注意不同的表达方式造成的不同结果。

能力 6　倾听的能力

·· 老师的准备工作 ··

┃课前准备┃

- ○　准备两个单元所需的材料（请参阅下一页的"材料"）。
- ○　复印两个单元中"无错区"的分享，供 2~4 名学生阅读。
- ○　复印两个单元的知识小百科和讯息。
- ○　学习单元 6a 的当天早上把单元 6a 的知识小百科和讯息贴在课程信息中心。
- ○　学习单元 6b 的当天早上把单元 6b 的知识小百科和讯息贴在课程信息中心。

┃能力 6 相关词汇┃

（这些词汇在单元 6a 和 6b 以及后面的单元中都会用到，你和学生在开始各个单元的学习之前或学习过程中可能需要经常预习或复习。）

◎倾听　　　　　　　◎贡献
◎倾听感受和需要　　◎猜测
◎沟通

单元 6a：四种倾听方式

目　　标：学习四种倾听方式，提高学生选择促进和平、减少冲突的沟通方式的能力

活　　动：

- 志愿者朗读来自"无错区"的分享、知识小百科和讯息（15分钟）
- 探索活动：四种倾听方式（35分钟）
  活动类型：课堂练习
- 探索活动：倾听的选择（10分钟）
  活动类型：手工制作

材　　料：

课前准备材料：

- 四种倾听方式挂图
- 空白感受清单（参见探索活动：感受清单）

手工制作所需材料：

- 约8厘米×13厘米的白色硬卡纸（每个学生两张，留一些备用）
- 剪刀
- 签字笔或马克笔

单元6a中制作的材料：

- 感受清单

- 感受卡
- 供课堂教学展示用的感受大卡片

单元6a中要重复使用的之前的材料：

- 内在能量板，能量转化选择卡，需要卡

延伸活动材料：

- 一套感受卡（最好是全班都可以看见的大卡片）

单元 6b：倾听感受和需要

目　标：练习倾听感受和需要，识别自己的感受和需要，猜测他人的感受和需要

活　动：
- 志愿者朗读来自"无错区"的分享、知识小百科和讯息（15分钟）
- 探索活动：相互倾听（45分钟）
- 活动类型：游戏

材　料：
- 课前准备材料：无
- 手工制作所需材料：无
- 单元 6b 中制作的材料：无

单元6b中要重复使用的之前的材料：
- 内在能量板，感受卡，需要卡

单元 6a：四种倾听方式

▌来自"无错区"的分享 ▌

娜欧：嗨，大家好！要开始和你们分享能力 6——倾听的能力了，好兴奋。首先检查一下材料，确认你们已经准备好了内在能量板、需要卡、感受卡、三套选择卡。顺便说一下，今天会有另外四张选择卡。

【暂停一下，直到每个人都准备好了。】

米奇：能力 6 是倾听。你可能会想，每个人都会听别人说话啊，那怎么能成为一种能力呢？但事实是，很多人并不知道怎么倾听。

娜欧：很多误解、争执、冲突甚至战争都是因为很多人（也许是大多数人）不会真正地倾听而引发的。

米奇：也许我们可以说每个人都在听别人说话，但并不是每一个人都可以听明白这些话的真正意思。

娜欧：是的，这意味着当一个人学会倾听字里行间的意思时，他们就拥有了别人没有的能力。你是否曾经遇到过你的朋友或你的父母、老师全身心地关注你，问你感觉如何、需要什么？无论你是悲伤、害怕还是兴奋，若有人停下手中的事情，关心地倾听你，这种感觉真的很好。

米奇：所以当我们倾听他人的感受和需要时，我们就有能力化敌为友。

> 大多数人花很多时间思考现实，而不是简单地观察现实。

娜欧：这是真的！倾听比大多数人知道的要强大得多。

米奇：下面的探索可能会揭示一些你以前从未想过的关于倾听的事情。我们希望你能从中找到一些小秘诀帮助你提高倾听能力。

能力 6a

知识小百科

○ 人们的身心健康与否仰赖于倾听自己和他人的感受和需要的能力高低。
○ 人们说的比听的多，当他们听的时候，他们经常忙着听自己脑子里的想法，而不是认真倾听对方。
○ 这种不是真正倾听的习惯会引起很多误解、争执和冲突。
○ 只要愿意，人们就可以学会倾听自己和他人内心中最重要的信息：感受和需要。

讯 息

学会四种倾听方式，在沟通中你就有了更多的选择。
四种倾听方式是：
1. 倾听自己的想法。
2. 倾听对方的想法。
3. 倾听自己的感受和需要。
4. 倾听对方的感受和需要。
如果你想与自己或对方建立连接，并促进理解、减少冲突、促进和平，那么最好选择第3种和第4种方式。

探索活动：四种倾听方式（35分钟）

目　　标：识别四种不同的倾听方式
材　　料：四种倾听方式挂图（见附录2，需要复印放大版）
活动类型：课堂练习
步　　骤：

1. 把四种倾听方式挂图及其四个象征符号贴在教室里大家都可以看到的地方。

2. 介绍挂图中四种倾听方式的符号和手势。

    1）听对方的想法（食指指向外）；

    2）听自己的想法（食指指向内）；

    3）倾听对方的感受和需要（双手放在胸前，手心向外）；

    4）倾听自己的感受和需要（双手放在胸前，手心向内）。

3. 使用下面的例句说明四种倾听方式。读下面的例句并使用相应的手势：

·· 例句 ··

"你说得太快了。"

（食指指向外。）

"我很笨。"

（食指指向内。）

"你是不是有些困惑，想知道我是否真的理解了你的意思？"

（双手放在胸前，手心向外。）

"我对这个说明有些困惑，需要更清晰的说明。"

（双手放在胸前，手心向内。）

4. 问学生是否听得出评判与感受和需要之间的区别。问他们对手势有什么疑问。
5. 阅读下面的句子，让学生用适当的手势来表示每一句话的倾听方式。

··倾听信息··

"你总是对我指手画脚。"（食指指向外。）

"我感到害怕，需要安全。"（双手放在胸前，手心向内。）

"你觉得孤单，需要陪伴，是吗？"（双手放在胸前，手心向外。）

"我累了，需要休息。"（双手放在胸前，手心向内。）

"你从来不听我说的话。"（食指指向外。）

"我太蠢了。"（食指指向内。）

"你是否因为在项目中取得了这么大的成就而感到骄傲？"（双手放在胸前，手心向外。）

"我说话太大声了。"（食指指向内。）

"你太刻薄了！"（食指指向外）

"我像个爱哭的婴儿。"（食指指向内。）

"你是不是很沮丧，因为你想把数学题搞明白？"（双手放在胸前，手心向外。）

"我感到无聊,需要做一些有趣的事。"(双手放在胸前,手心向内。)

"你说得太多了。"(食指指向外。)

"我很生气,需要别人来倾听。"(双手放在胸前,手心向内。)

"我很懒。"(食指指向内。)

"我很开心,因为可以出去玩儿了。"(双手放在胸前,手心向内。)

6. 提醒学生:把双手放在胸前,手心向外,倾听对方的感受和需要,都是用疑问的语气。这是因为没有人能确切地知道别人的感受和需要。当我们告诉对方我们的猜测时,他们通常会回应,告诉我们的猜测是否正确。重点不在于猜测得是否准确,而是通过倾听他们的感受和需要,表达我们对他们的关注和关心。

探索活动:倾听的选择(10 分钟)

目　　标: 制作四张倾听选择卡,和其他选择卡放在一起

材　　料: 约8厘米×13厘米的白色硬卡纸(每个学生两张),剪刀,签字笔或马克笔

活动类型: 手工制作

步　　骤:

1. 给每个学生发两张约8厘米×13厘米的白硬卡纸。
2. 让学生把每张卡片纵向对折,剪成两张约8厘米×6.5厘米

的卡片。

3. 把下面四句话写在黑板上，让学生抄写在新的选择卡上：

"倾听我的想法"

"倾听你的想法"

"倾听我的感受和需要"

"倾听你的感受和需要"

支持性活动

- 教师练习：留意什么时候你在听想法，什么时候在倾听感受和需要。留意四种倾听方式的体验。练习倾听自己和他人的感受和需要。
- 在本周内，看看学生们对四种倾听方式的掌握程度。
- 继续增加感受卡和需要卡。
- 留意自己和学生写生活试验日志的机会。
- 和学生一起查看班级公约。问学生：这些约定的效果怎么样呢？

与其他课程的结合

结合语文课使用：

在整个学年里，可以时不时问学生：

当你看到课文中的这些人物说的话时，你能猜一猜他们的感受和需要是什么吗？

　　让学生注意课文中的这些人物在对话时，何时在听想法，何时在倾听感受和需要。留意四种不同的倾听方式带来的不同的结果。

为做出人生的抉择需要获得最准确的信息。

单元 6b：倾听感受和需要

来自"无错区"的分享

米奇：我很高兴你们现在有了感受卡和需要卡。这些工具可以让你们更轻松地学习感受和需要这种新的语言！

娜欧：有人说学习感受和需要就像在学习一门外语。一开始可能会很不舒服，就像学习说其他国家的语言，或者刚学母语时一样有挑战性。

米奇：是的。感受卡和需要卡这样的工具会给你很多帮助，而练习、练习、再练习会让我们更熟练地掌握这种语言。

娜欧：在下一个探索活动中有一些倾听练习。我们希望你会发现它的乐趣，并且让它对你生活有所帮助。

能力 6b

知识小百科

○ 当人们倾听自己的感受和需要时,就会获得照顾自己的必要知识。
○ 当人们倾听别人的感受和需要时,就为对方的身心健康做出了贡献。
○ 人们只能猜测别人的感受和需要。只有去询问对方,才会知道自己的猜测是否正确。

讯 息

○ 使用卡片组帮助你倾听自己的感受和需要。
○ 问问自己:现在你有什么感受?那是什么需要在提醒你?
○ 无论他人做什么或者说什么,都应该倾听他们的感受和需要。问问自己:他们现在是什么感受?有什么需要在提醒我们注意?
○ 留意一下,倾听他人的感受和需要是否改变了你对他们的看法和理解。

探索活动：相互倾听（45 分钟）

目　　标： 练习使用工具倾听感受和需要
教　　具： 内在能量板，感受卡，需要卡
活动类型： 游戏
步　　骤：

1. 学生们两两一组（自由组合或者老师分组）。小组里的两个人并排坐着，把 A 的内在能量板摆在面前。让每个组的 A 把需要卡正面朝上摊在桌子上，并把感受卡拿在手里。

2. 告诉学生第一步是角色 A 给自己的伙伴角色 B 讲一件最近发生的事情，这件事让自己产生了一些情绪。然后把代表自己感受的一张或几张感受卡放在内在能量板的感受区。

3. 第二步是角色 B 猜测角色 A 的需要，并问下面的问题：你感到____（例如伤心），因为你需要____（例如理解、倾听或友善），是吗？

4. 接着角色 A 回应角色 B 猜测的需要是否正确。如果正确，角色 B 就把需要卡放在内在能量板的需要区。

5. 如果角色 A 不同意角色 B 的猜测，那么角色 A 就自己选择合适的需要卡，并把它放在内在能量板的需要区。（提醒学生们，猜测是否正确不重要。角色 A 可以通过角色 B 的猜测更加明确自己的需要。)

··范例··

角色A：我想和哥哥讲讲这个游戏，可是他一直在听他的音乐。我觉得很生气。

（角色A把"愤怒/生气/暴怒/心烦意乱"感受卡放在桌子上。）

角色B：你感到生气是因为你需要有人听你说话，是吗？

（如果角色A同意，角色B把"被倾听/被理解"需要卡放在需要区。）

6. 找到需要卡后，角色A可以多说一些关于这件事的感受，角色B也可以询问角色A是否还有其他话要说。

7. 第一轮结束后，两人交换角色，角色B使用内在能量板讲述一件引发自己某种感受的事情。当角色B放下感受卡时，角色A可以猜测出一两个需要，以此类推。

··改编活动：倾听圈··

本探索活动的另一种形式是倾听圈：这个活动最好在一个4~6人的小组中进行，这样每个人都有倾听与被倾听的机会。计划每个学生至少用5分钟倾诉（整个活动20~30分钟）。每5分钟敲一下铃，提示该轮到下一名学生了。如果学生要倾诉一件比较长的事件，需要更多的时间被倾听，可以考虑延长他倾诉的时间，或在活动结束后让他继续倾诉。

步　　骤：

1. 把学生们分为小组，每组4~6人，围成圈，席地而坐。
2. 请大家把需要卡面朝上摆在圆圈中间，让所有人都可以看见。
3. 请学生从一张感受卡开始。角色A讲述一个引发自己某种感受的简短故事，然后选择一张代表自己感受的卡片放在地上。
4. 接下来，小组中的其他同学轮流猜测与这个感受相关的需要。他们一边说出需要（"你需要_____是吗？"），一边找到相应的需要卡，放在角色A(讲故事的学生)的面前。
5. 等每个学生都猜测了需要之后，角色A就可以说出其中哪些需要对当时或者现在的情境而言是最重要的。如果猜测得都不准确，角色A也可以找出新的需要卡。
6. 继续上面的步骤，直到每个学生都有机会诉说他们的故事，让其他同学猜测他的需要。每一轮持续大约5分钟。

支持性活动

- 教师练习：培养倾听感受和需要的习惯，包括倾听自己、学生、同事，还有课本中出现的人物。当你练习的时候，你就是在培养一种会让你对自己和他人有更清晰、更深刻理解的习惯。如果倾听感受和需要有助于与学生建立连接，更清晰地理解他们，那就猜测一下，并大声说出来："你感到_____你需要_____，是吗？"
- 邀请学生展示全部的卡片。

全部展示卡

教具：内在能量板，感受卡，需要卡

步　　骤：

1. 问：现在，你有什么感受、什么需要呢？
2. 让学生选择感受卡放在自己的内在能量板上。
3. 让学生选择需要卡放在自己的内在能量板上。
4. 有谁想分享一下自己的感受和需要吗？邀请想分享的同学展示他们的卡片或者读出这些卡片上的词汇。
5. 如果学生表达的是热或者冷的感受，或者你觉察到他们需要更多的倾听，可以问问他们是否愿意更多地被倾听。如果学生的答案是肯定的，并且有时间这样做，你可以请他们把更多的感受卡和需要卡放在内在能量板上并和大家说一说卡片上的内容。如果他们希望以后再说，你可以另外安排谈话的时间。如果届时学生难以表达，可以请他们把感受卡和需要卡放在内在能量板上，然后由你来读出卡片上的内容并引导讨论。

与其他课程的结合

结合社会学、历史或语文课使用：

在本周甚至整个学年里，随时向学生提问：

当你听到这个人或角色说了这样的话，或者按照他自己的方式行事时，你猜他有什么感受和需要？

不管别人说什么或者做什么，倾听他们的感受和需要。

能力7　在"错误区"航行的能力

··老师的准备工作··

▎课前准备▎

- 准备两个单元所需的材料（请参阅第156页的"材料"）。
- 复印两个单元中"无错区"的分享，供2~4名学生阅读。
- 复印两个单元的知识小百科和讯息。
- 学习单元7a的当天早上把单元7a的知识小百科和讯息贴在课程信息中心。
- 学习单元7b的当天早上把单元7b的知识小百科和讯息贴在课程信息中心。

▎能力7相关词汇▎

（这些词汇在单元7a和7b以及后面的单元中都会用到，你和学生在开始各个单元的学习之前或学习过程中可能需要经常预习或复习。）

◎"错误区"　　　　　　◎贴标签
◎非黑即白的想法　　　◎平息
◎抱怨　　　　　　　　◎愤怒
◎指责　　　　　　　　◎引发愤怒的想法
◎命令

> 当我们可以倾听他人的感受和需要时，就有能力化敌为友。

单元 7a：非黑即白的想法之地

目　　标：学习和了解引发争论和冲突的各种想法，学习更多的化解冲突和解决问题的工具；帮助学生看到更多选择

活　　动：

- 志愿者朗读来自"无错区"的分享、知识小百科和讯息（15分钟）
- 探索活动：更多选择（10分钟）

  活动类型：手工制作
- 探索活动：非黑即白的想法（35分钟）
- 活动类型：小组讨论，角色扮演
- 延伸活动：识别你非黑即白的想法（选做练习：10分钟课堂讲解及学生的一周日志练习）

  活动类型：自我观察

材　　料：

课前准备材料：

- 在四张白板纸的顶端分别写上下面的标题（查看"探索活动：非黑即白的想法"）：

  非黑即白的想法：抱怨

  非黑即白的想法：指责

  非黑即白的想法：贴标签

非黑即白的想法：命令

- 4~8张写着情境的纸条（复印"探索活动：非黑即白的想法"结尾的情境，把它们剪成小条，也可以自己写一些情境）

手工制作所需材料：

- 白板纸（4张大纸）
- 马克笔
- 约8厘米×13厘米的白色硬卡纸（每个学生两张，并留一些备用）
- 剪刀

单元7a中制作的教具：

- 选择卡

单元7a中要重复使用的之前的材料：

- 内在能量板，供教学使用的大的内在能量板，感受温度标记，需要卡，感受卡，选择片

延伸活动教具：

- 纸，铅笔

单元 7b：破解愤怒密码

目　　标：理解和学习平息愤怒，增强学生预防和处理冲突的能力

活　　动：

- 志愿者朗读来自"无错区"的分享、知识小百科和讯息（15分钟）
- 探索活动：平息愤怒六部曲（45分钟）
  活动类型：教师引导讨论，手工制作
- 延伸活动：从应该到需要（可选做的25分钟活动，可在完成单元7b后的某天进行）

材　　料：

- 课前准备材料：无

手工制作所需材料：

- 约8厘米×13厘米的白色硬卡纸（每人一张）
- 签字笔或马克笔
- 剪刀

单元7b中制作的材料：

- 新的选择卡"平息愤怒六部曲"
- 平息愤怒六部曲挂图（参见附录2的模板）

单元7b中要重复使用的之前的材料：

- 内在能量板，感受卡，需要卡，教学使用的大的内在能量板
- 延伸活动材料：无

单元 7a：非黑即白的想法之地

▎来自"无错区"的分享 ▎

娜欧：嗨，大家好！今天，我们将探索内在能量板中的另一个区域："错误区"。我们希望能让光照进"错误区"的黑暗角落，以便我们了解它的运作。今天，你们还将收到另外四张选择卡。现在开始能量检查，首先确认你们已经准备好了内在能量板、需要卡、感受卡、七张选择卡。

【暂停一下，直到每个人都准备好继续听了。】

米奇：好了，现在我们要进入"错误区"啦。你是否曾经抱怨、指责别人或给别人起外号？或许你没有说出来，但脑海里闪现过这样的念头。你有没有因为自己或别人生气？

娜欧：这些都是你进入"错误区"的有用信号。

米奇：而且，我们知道，"错误区"不怎么好玩，除非你找到一条从那里出来的路。

娜欧：通过了解"在'错误区'航行的能力"，你将能更深入地了解非黑即白的想法和愤怒。

米奇："错误区"是没有色彩的内在空间。在那里，事情被认为只有好与坏，对与错。

娜欧：在"错误区"有很多规则，一旦违规就将受到严厉的惩罚。

米奇：这个空间容易让人感到害怕。

娜欧：在这里你们也很容易有非常热或非常冷的感受。如果在这里停留太久，可能有人会生气，有人会感到悲伤或沮丧。

米奇：听起来是不是很熟悉？建议大家为这趟有趣的冒险之旅做好准备，希望这趟冒险之旅能让你对自己和他人有更多的了解。

能力 7a

知识小百科

○ 人们的身心健康仰赖于觉察到自己进入了"错误区"的时刻，以及知道到达"无错区"的方法。

○ 抱怨、指责、贴标签和判断都是非黑即白的想法，会让人进入"错误区"。如果这种想法继续下去，他们就会在"错误区"停留很久。

○ 人们在"错误区"待得越久，就会制造出并经历越多的争执和冲突。

○ 人们可以选择学习如何从"错误区"进入"无错区"。

讯 息

○ 了解那些让你坠入"错误区"并滞留在那里的非黑即白的想法。

○ 当你想去"无错区"时，寻找那些能帮到你的选择。

探索活动：更多选择（10 分钟）

目　　标： 增加更多的选择；增加化解冲突和解决问题的工具

材　　料： 约 8 厘米 ×13 厘米的白色硬卡纸（每个学生 2 张，用来制作 4 张新的选择卡），剪刀，签字笔或马克笔

活动类型： 手工制作

步　　骤：

1. 给每个学生发两张约 8 厘米 ×13 厘米的白色硬卡纸。
2. 让学生把每张卡片对折，剪成两张约 8 厘米 ×6.5 厘米的卡片。
3. 让学生们在卡片上分别写下"非黑即白的想法：贴标签""非黑即白的想法：抱怨""非黑即白的想法：指责"以及"非黑即白的想法：命令"。

探索活动：非黑即白的想法（35 分钟）

目　　标： 讲解"错误区"并探索其中非黑即白的规则；探索非黑即白之外的其他选择和进入"无错区"的方法

材　　料： 内在能量板，感受温度标记，教学使用的大型内在能量板（贴在墙上供参考），4 张白板纸，马克笔，写好情境的纸条（讲解结束后使用），所有在前面单元中制作的选择卡，4 张新的选择卡（非黑即白的想法：贴标签；非黑即白的想法：抱怨；非黑即白的想法：指责；非黑即白的想法：命令），感受卡和需要卡

活动类型：小组讨论，角色扮演

步　　骤：

1. 进入平静警觉：请学生查看自己的感受温度计。如果需要，可以邀请一个学生带领全班做能量转化练习，让大家进入平静警觉，准备开始下面的活动。

2. 在班级里使用的大型内在能量板上指出"错误区"的位置并讲解这个探索活动。可以参考下面的脚本开始介绍：

    双胞胎请我们去探索内在能量板中的"错误区"。"错误区"受特定的思维方式——非黑即白的想法支配，今天我们探讨四种非黑即白的想法。我们也将探索身处"错误区"时都有什么选择。非黑即白的思维方式有四种：贴标签、抱怨、指责和命令。

3. 问学生以下问题，请学生们讨论这四种思维方式是什么：

    举例说明什么是贴标签、什么是抱怨、什么是指责、什么是命令。

4. 把班级分为四个小组，参考以下指导：

    我想把大家分为四个小组，每组探讨一种非黑即白的想法，然后和全班分享你们的发现。

5. 给每个小组发一张白板纸，一个小组成员写出下面的标题：

    非黑即白的想法：贴标签

    非黑即白的想法：抱怨

    非黑即白的想法：指责

    非黑即白的想法：命令

6. 给每个小组一张写着一个情境的小纸条（从下面的探索活动

的情境中选择一个，或者自己编写一个）。

7. 如果有人用本小组拿到的非黑即白的想法（贴标签、抱怨、指责或命令）来回应他们拿到的情境，那么这些回应听起来或者看起来会是什么样子呢？让每组讨论并在白板纸上记录下来。

8. 让写出标题的同学把这些回应写在白板纸上，并分享他的反应。其他人也可以分享自己的反应。（反应可能包括感受及感受的温度、想法、行动、表情和肢体语言等。）

9. 15分钟的讨论和记录结束，让每组轮流在全班分享——读他们写下来的内容，分享他们对此的反应。

10. 当所有小组分享结束，问大家以下问题：那么，当你在"错误区"时，你的选择是什么？看看你的选择卡，你可以选择做什么？（提醒学生翻看他们所有的选择卡，而不仅仅是四张新卡。）

11. 邀请学生自愿分享他们在"无错区"时可以做出的一个选择。每当学生提供一个选择后，问问他（他也可以问其他同学）：你认为这个选择会带来什么结果呢？

探索活动的情境：非黑即白的想法

当老师问谁想第一个交报告时，你特别兴奋，手举得老高，身体都要跳出座位了，然而她却叫了另一个同学。

你和家人一起在逛动物园，你想跑到前面去看更多的动物，但是妈妈说你需要和家人一起慢慢走。

你穿着睡衣在房间里画画，你妈妈走进房间催你赶快去上学。

你很想和其别的孩子一起玩个游戏，可是他们告诉你游戏已经开始了，你不能加入了。

你们班正在准备表演，你已经读过剧本了，并且一直在练习你想要演的角色。但导演选了另一个学生担任那个角色，尽管那个学生连剧本都没看过。

有人很用力地把球抛给你，你没接到，还被砸了脑袋。

课间休息结束后，你排队回教室，另一位同学跑过来站到了你前面。

一连三个晚上，家里的晚餐都有你不喜欢吃的食物。

一个朋友到你家做客，你只想两个人一起玩，但是你的弟弟也想加入。你让他走开，但他不肯。

这星期你和朋友们都想在课间打篮球，但是每天都有两群高年级的学生先占到球场。

你不知道怎么解面前的数学题，也不知道如何向他人提问以理解题意，所以只能默默听课，但心中却越来越困惑。

你正和朋友们在公园里玩得开心得停不下来时，你爸爸说该回家了。

支持性活动

- 教师练习：留意自己在"错误区"的言行。觉察你选择做的事情及其结果。
- 若学生们在解决问题或冲突时忘记了有各种选择，可以提醒他们翻看选择卡，让他们思考有哪些选择以及不同的选择可能产生的结果。学生们可以两两结对，互相帮助。
- 继续介绍和练习能量转化练习（见附录3）。
- 留意那些自己或学生可以使用生活试验日志的机会（见附录2）。

与其他课程的结合

结合语文、社会学或历史课使用：

留意课文中的人物什么时候进入了"错误区"以及接下来发生了什么。

在阅读故事或观看视频时，注意人物使用的语言，停下来识别不同类型的非黑即白的想法及其导致的结果。选择一段情节，请学生自己或两人一起翻看自己的选择卡，并选择一个可能会产生最好结果的选择。

▍延伸活动：识别你非黑即白的想法（课堂10分钟）▍

目　　标：练习识别非黑即白的想法；培养自我觉察；增加更多的选择

仔细观察非黑即白的想法。

材　　料： 纸，铅笔
活动类型： 自我观察
步　　骤：

1. 让学生写一周日记，把自己非黑即白的想法记录下来。每当他们发现自己在贴标签、抱怨、指责或命令时，就将发生的事情记录在日记中。（参见下面的模板：练习的目的是标记这些事件的数量，而不是描述想法或反应。当然，如果学生愿意，也可以记录。）
2. 开始写日记之前再来复习一下非黑即白的思维方式的类型。

   贴标签（好或坏，聪明或愚蠢）：你把注意力放在贴标签上，而不是专注于找到自己的需要。

   抱怨（应该，必须，不得不）：你把注意力放在其他人应该去做什么上，而不是专注于找到自己的需要。

   指责（我是对的，你是错的）：你把注意力放在谁应该被责备上，而不是专注于找到自己的需要。

   命令（告诉别人该做什么）；你把注意力放在控制他人上，而不是专注于找到自己的需要。

认识你的非黑即白的想法

接下来的一周，留意你使用了多少次"应该、贴标签、指责和命令"上。

贴标签	正正丨丨
抱怨	正丨丨丨
指责	正
要求	丨丨丨

单元 7b：破解愤怒密码

▌来自"无错区"的分享 ▌

娜欧："无错区"也许是内在运作系统里最重要的部分之一了，尤其对于常生气的人来说。

米奇：当人们生气的时候，他们说的话和做的事通常并不代表他们真正的意思，所以他们事后也会很懊恼。

娜欧：愤怒是一种令人困惑的情绪。

米奇：是的，了解愤怒是如何运作的，就会提高人们航行于"错误区"的能力。

娜欧：我们希望即将开始的探索活动会让你重新理解愤怒以及它背后的真相。

米奇：你还会得到一张新的选择卡："平息愤怒六部曲"。

能力 7b

知识小百科

○ 愤怒是感受和想法高度混合的产物,而且常常会引发冲突。
○ 大多数人面对愤怒只有两种选择:爆发或压抑。
○ 但人可以学会第三种选择——破解愤怒的密码,发现掩埋在深处的需要。

讯 息

○ 发现愤怒的根源。
○ 学习平息愤怒六部曲,找到需要。

探索活动：平息愤怒六部曲（45分钟）

目　　标： 让学生了解觉察和平息愤怒的知识；学习一个平息愤怒的步骤；学习如何找到愤怒的根源，并与需要相连接

教　　具： 内在能量板，感受温度标记，教学使用的大块内在能量板（也许贴在墙上以供参考会更有帮助），平息愤怒六部曲挂图，感受卡、需要卡、选择卡三组卡片，约8厘米×13厘米的白硬卡纸（每人一张"平息愤怒六部曲"选择卡），剪刀，签字笔或马克笔

活动类型： 教师引导讨论，手工制作

步　　骤：

1. 进入平静警觉：请学生们查看自己的感受温度计。根据情况邀请一名学生带领全班做能量转化练习，让大家可以进入平静警觉，准备好进行以下活动。

2. 分享双胞胎的讯息，介绍探索活动：

   愤怒时的两个选择

   当你产生愤怒的想法时，你有两种选择：

   1) 你可以相信它们，任由它们滋生。做出这种选择，说明你的想法控制了你。愤怒的想法会滋生其他愤怒的想法，所以你会越想越生气，最终让你成为一枚一触即发的炸弹。

   2) 你可以用平息愤怒六部曲来觉察自己内在运作系统中隐藏的需要。当你发现愤怒背后的需要后，你就能更清楚地思考该

采取什么行动来满足你的需要。

3. 在黑板上写下：

   D

   E

   F

   U

   S

   E

4. 讨论"平息"的含义。然后，在黑板上一次一个地加上与每个字母对应的单词，并解释它的含义：

   D 侦测（Detect）自己的愤怒；

   E 赶走（Eject）"应该怎样……"的想法；

   F 专注于（Focus）能量转化；

   U 发现（Uncover）愤怒背后的需要；

   S 体会（Sit）自己的需要；

   E 探索（Explore）满足需要的各种可能。

破解愤怒密码六部曲

D 侦测（Detect）自己的愤怒。（手拿愤怒感受卡。）

留意愤怒的信号：手心出汗、面红耳赤、眯起眼睛、下巴紧绷、手臂或腿部肌肉紧绷、有攻击别人的冲动、有伤害自己的冲动、其他。

E 赶走（Eject）"应该怎样……"的想法。

F 专注于（Focus）能量转化。（做能量转化练习。）

U　发现(Uncover)愤怒背后的需要。(找到对应的需要卡。)
S　体会(Sit)自己的需要。(把需要卡拿在手上至少一分钟。)
E　探索（Explore）满足需要的各种可能。

5. 请学生们制作一张"平息愤怒六部曲"选择卡，和之前的选择卡放到一起。给每位学生发一张约8厘米×13厘米的白硬卡纸，让他们对折卡片，剪成两张约8厘米×6.5厘米的卡片。在其中一张写下"平息愤怒六部曲"。（将另一张空白卡保存好，或者替换已经用旧的选择卡。）

6. 邀请志愿者为班级做一张"破解愤怒密码：平息愤怒六部曲"海报。

支持性活动

- 教师练习：使用平息愤怒六部曲处理自己的愤怒。自己练习得越多，就能越好地指导学生们练习。
- 继续添加感受卡和需要卡。
- 留意自己或学生可以使用生活试验日志的机会，从错误中学习。

与其他课程的结合

结合语文课使用：

1. 选择课文中人物愤怒的段落。
2. 让学生假装自己就是这个愤怒的角色。(可以让学生们把愤怒卡从感受卡中挑出来。)

3. 告诉学生们你将进行一个试验，看看如果角色不断地给别人贴标签、指责别人，让他愤怒的想法越来越多，结果会如何。

4. 一些符合人物特点的非黑即白的想法词组。
   "他错了。"
   "她应该＿＿＿＿＿＿。"
   "他很坏。"
   "她很笨。"
   "她总是＿＿＿＿＿＿。"
   "他从来都不＿＿＿＿＿＿。"
   其他："＿＿＿＿＿＿。"

5. 问问学生，如果这个角色不停地把他各种愤怒的想法说出来，会有什么感受呢？（请学生们选择感受卡并放在桌上。）

6. 班级讨论：这个角色身体上可能有什么感受呢？他的感受温度计读数在什么位置？

7. 班级讨论：这个角色还有哪些选择呢？

延伸活动：从应该到需要（25分钟）

目　　标：看到"应该"背后的需要；把愤怒的反应转化为基于需要的回应

材　　料：无

活动类型：教师引导讨论

步　　骤：

1. 告诉学生："应该"是"制造愤怒的想法"。
2. 问学生：他们觉得这种说法对吗？一起讨论。
3. 和学生分享：如果你认为某人应该或不应该做某事，你可能就会陷入冲突。你有可能介入了别人的事情，而他们根本不想听你的。我很好奇当你听到像"你应该更加努力"或者"你不该那样说"这样的话时，你感觉如何。讨论一下。（你可以从学生那里收集更多"应该"的例句，统一写在黑板上。）
4. 分享下面的例子和概念：安迪把球从你手中抢走了。如果你觉得"她不应该那样做"，你就开始踏上愤怒的道路了。如果你认为"应该有人来管管这种坏孩子"，那么你在愤怒的道路上就向前走了两步——一步是"应该"，另一步是贴标签"坏孩子"。
5. 问学生：当你认为某人应该做一些事情时，会发生什么？为了回答这个问题，你可以想想自己这么想的经历。你有什么想法？当你有"应该"这样的想法时，会有什么感受？
6. 探讨学生的回答。（很有可能是愤怒、难过和沮丧的感受。）
7. 解释说明：愤怒、不安、沮丧的感受甚至会引发其他愤怒的想法。
8. 解释说明：我发现，每个"应该"的背后，都有一个对我来说重要的需要对我很有帮助。如果你能停下来留意产生愤怒的想法，并在你相信它们是真的和你的感受温度上升之前，将它们转化为需要，你就能预防冲突的发生。
9. 问学生：我想做一个侦探工作，发现"应该"这个想法背后

的需要。有没有谁可以提供一个"应该"的想法？一起讨论。
10. 问学生：你如何在学校或家里使用我们学习过的关于愤怒的知识？

支持性活动

- **教师练习**：留意自己和他人的想法。留意出现"应该"的想法时和事后的感受，寻找"应该"背后的需要。

与其他课程的结合

结合语文课使用：

- 寻找人物对话中隐藏的"应该"信息。猜猜"应该"背后有什么需要。

能力 8　合作解决问题和化解冲突的能力

·· 老师的准备工作 ··

▍课前准备▍

- 准备两个单元所需的材料（请参阅第 178 页的"材料"）。
- 复印两个单元中"无错区"的分享，供 2~4 名学生阅读。
- 复印两个单元的知识小百科和讯息。
- 学习单元 8a 的当天早上把单元 8a 的知识小百科和讯息贴在课程信息中心。
- 学习单元 8b 的当天早上把单元 8b 的知识小百科和讯息贴在课程信息中心。

▍能力 8 相关词汇▍

（这些词汇在单元 8a 和 8b 以及后面的单元中都会用到，你和学生在开始各个单元的学习之前或学习过程中可能需要经常预习或复习。）

◎问题　　　　◎合作

◎冲突　　　　◎解决方案

◎任务　　　　◎双赢解决方案

◎困惑　　◎应对
◎预防　　◎策略
◎争执　　◎激烈的情感
◎解决问题

单元 8a：解决问题

目　　标：学习运用解决问题九步法与他人合作解决问题和化解冲突
活　　动：

- 志愿者朗读来自"无错区"的分享、知识小百科和讯息（15分钟）
- 探索活动：解决问题的任务——解决问题九步法（45分钟）
- 活动类型：教师引导讨论，手工制作，角色扮演

材　　料：

课前准备材料：

- 解决问题九步法挂图（模板见附录2）
- 选择并告诉学生发生在两人之间的一个有待解决的问题（你可以从语文课本或历史课本中找一个发生在两个人物之间的问题，或者在单元7a的"探索活动：非黑即白的想法"的情境中选择一个）

手工制作所需材料：

- 约8厘米×13厘米的白色硬卡纸
- 约8厘米×13厘米的浅蓝色硬卡纸（每人一张）
- 剪刀
- 签字笔或马克笔
- 铅笔

单元8a中制作的材料：

- 选择卡，观察卡

单元8a中要重复使用的之前的材料：

- 内在能量板，教学用的大内在能量板，需要卡，感受卡，选择卡

单元 8b：解决团队问题

目　　标： 学习运用解决问题九步法合作解决团体问题和化解团体冲突

活　　动：

- 志愿者朗读来自"无错区"的分享、知识小百科和讯息（15分钟）
- 探索活动：化解团体冲突的任务（45分钟）
  活动类型：全班练习

材　　料：

课前准备材料：

- 在班级中真实发生的一次团体冲突（学生也许希望老师帮助自己选择）。
- 可选择复印探索活动中的步骤6和步骤7（也许学生在练习解决问题九步法的过程中会派上用场）。

手工制作所需材料：

- 白板纸（2张）
- 画架或胶带
- 马克笔

单元8b中要制作的材料：

- 观察清单

○ 策略清单

单元8b中要重复使用的之前的材料：

○ 内在能量板，感受卡，需要卡，选择卡，解决问题九步法挂图

单元 8a：解决问题

▍来自"无错区"的分享 ▍

娜欧：嗨，大家好！到现在为止，我们已经和你们一起在内在空间旅行很久了，我们带领的旅程也将结束了。可能你还没有意识到你已经学到了很多可用于合作解决问题和冲突的新技能。我们非常兴奋！

米奇：在这次分享的能力中，我们将带大家完成两个新的任务：解决问题和化解冲突。你们将要运用之前学过的所有能力完成这两个任务。现在先做能量检查，请准备好内在能量板、需要卡、感受卡、十二张选择卡。

【暂停一下，直到每个人都准备好了。】

娜欧：首先，我们想说，问题和冲突本质上没有多少不同。你在学习解决问题的步骤的同时，也在学习化解冲突的技能。

米奇：问题只是一个需要破解的谜题。当你知道遇到问题的人的需要时，你就有了破解谜题和解决问题的关键方法。需要无处不在。

娜欧：不管是在教室还是在家里，总是有很多需要同时出现。对于如何满足这些需要，人们也总是有很多不同的主意。问题随时都有，听起来是不是很奇妙？

米奇：你们现在具备了很多能力，可以防止问题演化为争执和战争。

娜欧：无论是在学校还是在家里，这些技能都会对你有所帮助。事实上，解决问题的能力随时随地都在为你助力，让你终身受益。

米奇：我们希望，通过第一个"解决问题的任务"，可以为你们展示更多新的解决问题的方法，让你的生活更有乐趣也更高效。

能力 8a

知识小百科

○ 人们的身心健康和幸福程度仰赖于合作解决问题和化解冲突的能力。
○ 只要愿意，人们可以培养这些能力。
○ 问题只是需要破解的谜题。
○ 当人们不具备识别和满足自己需要的能力时，问题就会演变为冲突。
○ 当人们害怕自己的需要得不到满足时，问题就会演变成冲突。

讯 息

○ 学习解决问题九步法。
○ 使用解决问题九步法，让自己停留在"无错区"。

探索活动:解决问题的任务——解决问题九步法(45分钟)

目　　标: 学习与他人合作解决问题和化解冲突

教　　具: 解决问题九步法挂图（模板见附录2），约8厘米×13厘米的白色硬卡纸（每人一张，用来做两张选择卡"解决问题"和"提出请求"），剪刀，钢笔，浅蓝色硬卡纸（每人一张，用作空白的观察卡），铅笔，为练习准备一个发生在两人之间亟待解决的问题（由老师或学生选择），内在能量板，教学用的大内在能量板（贴在墙上让每个人都可以看到），感受卡，需要卡，选择卡

活动类型: 教师引导讨论，手工制作，角色扮演

步　　骤:

1. 介绍活动：今天，我们要综合运用所有学过的能力解决问题，满足每个人的需要。人们每天都会有大大小小的问题亟待解决。如果把这些问题放到"错误区"，就会演变为冲突。

   但是，我们现在有了航行于"错误区"的方法。我们知道如何去"无错区"，那里有我们需要的所有工具，可以帮助我们找到解决问题的双赢方案。我们可以通过练习提升合作的能力，找到对双方都有效的方法。

   请大家准备好以下工具：内在能量板、感受卡、需要卡和选择卡，以及两张新的选择卡：**"解决问题"**和**"提出请求"**。

2. 给每个学生发一张约8厘米×13厘米的白硬卡纸,并剪开,做成2张新的"选择卡",一张写**"解决问题"**,另一张写**"提出请求"**。

3. 当学生制作完新的选择卡后,老师说明:你还需要一支铅笔和一张空白的观察卡(暂时先备着,现在还用不到)。给每位学生发一张空白的浅蓝色硬卡纸。

4. 把解决问题九步法挂图(见附录2)贴在教室前面,并把每个步骤告诉学生。

5. 复习完解决问题九步法之后,老师说明:为了练习这些步骤,我们将一起解决一个发生在两个人之间的问题。每个人都要找一个搭档开始这次探索活动。

6. 今天我们要解决的问题是:你可以从语文课本或历史课本中找一个发生在两个人物之间的问题,也可以选择单元7a的"探索活动:非黑即白的想法"中的情境。

7. 请2名志愿者到教室前面,扮演情境中的两个人,从他们都在"错误区"开始。

8. 表演结束后,请演员们坐下来,然后问全班下面的问题:
他们在"错误区"做了什么选择?
结果如何?
他们都有哪些选择来执行解决问题的步骤?(提示学生:翻看你的选择卡。)

9. 复习双胞胎对冲突的定义:冲突发生在"错误区";处于冲突中的人们害怕他们的需要不能也不会得到满足。

10. 问学生：当有人担心他们的需要得不到满足时会有什么反应？（一些可能的答案：激烈的情感；非黑即白的想法；在"错误区"战斗。）

11. 让学生两两一组继续：和你的搭档面对面坐好，把内在能量板顶部相连摆在前面。老师将带领大家运用解决问题九步法来帮助你们解决这个问题。

12. 一步一步开始九步走。

第一步，进入平静警觉。

如果你的起点是在"无错区"，那么花一分钟时间回顾你拥有的选择，并找到一个方法，帮助你进入平静警觉。

第二步，做出观察。

做出观察：像摄像机那样观察。

在你的蓝色卡片上写一个观察，并把它放在你的内在能量板的观察区。

第三步，识别感受。

找出一张或几张感受卡来表示你对发生的事情的感受。

第四步，识别需要。

找出一张或几张需要卡来表示你在当下情境中的需要。

第五步，交换位置。

与同伴交换位置，这样你就可以看到他的内在能量板。

第六步，从他人的视角看事情。

学生1把学生2的内在能量板上的卡片大声读出来，像这样：

"我看到你的观察是＿＿＿＿＿＿，你感到＿＿＿＿＿＿，是因为你需要＿＿＿＿＿＿，是这样吗？"

学生2回应：学生1猜对了吗？也可以再补充自己的观察、感受和需要。

互换角色，学生2读出学生1的内在能量板上的内容。

第七步，问大家一个关于待解决问题的问题：怎么满足每一个人的需要呢？

一起看看内在能量板上的需要卡，想出3种满足双方需要的策略。

第八步，选择一个策略。

选择一个双方感觉良好、都愿意尝试的策略。

当你考虑每一种策略时，问自己："我真心愿意尝试这个策略吗？"各组选择的是两个人都乐意尝试的策略，而不是因为害怕、憎恨或觉得不得不选的策略。

第九步，提出请求，倾听请求。

看看你们想到的策略，轮流向对方提出一个请求。

你的请求听起来可能是这样的："我想试试＿＿＿＿＿＿。你愿意在接下来的三天也尝试一下吗？"

如果你们对对方的请求都说了"是"，那你们就完成了解决问题的过程。

写下再次碰头的时间。务必定个时间，目的是让双方尝试几天提出的策略，几天后看看它的效果。如果效果不好，可以请求、商定和尝试另一种策略。

如果一个人说了"不",现在或再碰头的时候继续思考更多的策略,直到双方都同意为止。

13. 询问是否有学生想和全班分享他们练习的体会。
14. 全班讨论:上述解决问题的步骤如何帮助你解决了和别人之间发生的问题?

支持性活动

- 教师练习:当你产生内心冲突或与他人有问题需要解决时,练习使用解决问题九步法。
- 支持学生使用解决问题九步法去解决问题和化解冲突。如果冲突的另一方是同班同学,可以邀请两个人一起使用内在能量板和卡片坐在一起解决。如果另一方不是同班同学,可以邀请其他同学来扮演另一方,同样使用内在能量板和卡片。
- 继续做能量转化练习,这将有助于解决问题和化解冲突。
- 和学生们一起查看班级公约。问大家:我们这些约定的效果怎么样呢?是否能帮助我们满足班级的需要?
- 留意可以填写生活试验日志的机会,从错误中学习。

与其他课程的结合

　　结合社会学、历史和语文课以及讨论时事时使用：

　　当课本中出现两个人物之间有待解决的问题时，就可以邀请两个同学上台来示范如何使用内在能量板和卡片来解决问题。也可以让学生两两一组，各组讨论出其他解决问题的方法。

单元 8b：解决团队问题

▍来自"无错区"的分享 ▍

娜欧：今天，我们希望你们用解决问题的技能来化解团体冲突。大家可以选择扮演不同的角色。一会儿老师会解释每个角色。

首先进行能量检查：确认你们已经准备好了内在能量板、需要卡、感受卡、十四张选择卡。

【暂停一下，直到每个人都准备好继续听了。】

米奇：为了继续完成化解冲突的任务，我们希望可以用一个发生在不同小组之间的团体冲突来说明。你们有些人对这件事的感受是热的，有些人则是冷的。这是化解冲突的一部分。

娜欧：如果每个成员都演好自己的角色，我们相信一定能找到每个人都愿意尝试的化解冲突的策略。

米奇：当然，如果这个策略不管用，我们知道，同时也希望你知道，你和你的同学有很多技能去继续寻找新的策略，直到找到一个奏效的方法。

娜欧：我们听说有人在执行这项任务的过程中，有时会感到困惑或茫然。看来这将是一次颠簸的旅程。

米奇：我们也听说随着你继续前行，事情也会越来越清晰。所以，如果你愿意，准备好，请系好安全带，任务开始了！

能力 8b

知识小百科

○ 团体问题是要解决的谜题。
○ 人们可以学习关照每个人的需要，在团体中合作来解决问题。

讯 息

○ 使用解决问题九步法解决团队问题。
○ 学习团体如何在教室建立"无错区"。

探索活动：化解团体冲突的任务（45分钟）

目　　标： 学习在团队中合作解决问题和化解冲突

材　　料： 解决问题九步法挂图，一个发生在班级中的真实团体冲突（学生也许想要帮助选择），内在能量板，卡片组（感受卡、需要卡、选择卡），解决问题选择卡（怎样才能满足每个人的需要），空白的白板纸，画架或胶带，马克笔，选择复印下面的步骤6和步骤7（也许学生在练习解决问题九步法的过程中会派上用场）

活动类型： 全班练习

步　　骤：

1. 把解决问题九步法挂图贴在教室里每个人都可以看见的地方。

2. 介绍探索活动：双胞胎让我们把到目前为止所学到的解决问题的知识都应用到化解我们班级（或学校）的冲突中。用于解决两个人之间的问题的解决问题九步法也可用来化解团体冲突。今天，我们就来解决发生在我们班里的一个真实的冲突。

3. 选择并说明涉及一组学生的冲突（不一定与所有学生直接相关），或者请学生帮你选择用于探索活动的冲突。

4. 邀请志愿者担任问题解决者、记录员或观察员。（如果他们没有卷入冲突，或者出于某些原因，他们会更愿意通过观察来参与。）

5. 让学生们带着自己的内在能量板、感受卡、需要卡和选择卡在地板上围坐成一圈。让问题解决者把内在能量板摆在面前。每一位观察员选择坐在一个问题解决者旁边，观察这个问题解决者，或者使用自己的内在能量板和卡片组跟随并观察。

6. 指导学生运用解决问题九步法。也可以问做记录员的学生，是否有人愿意帮助指导这个过程，轮流朗读解决问题九步法的一个步骤，并给大家时间来完成每一步。（开始这个过程时，你需要准备好空白的白板纸、马克笔来制作清单。如果你选择让学生来指导这个过程，就复印好步骤6和步骤7的文字内容，供志愿做记录员的学生朗读。）

7. 从你此刻所在的地方开始，询问与团体冲突相关的学生：你在内在空间的什么地方？在"无错区"还是在"错误区"？看看你的内在能量板：查看感受温度计。留意你是否有任何非黑即白的想法。

8. 使用下面建议的脚本演练解决问题九步法。

进入平静警觉（第一步）

如果你很难让自己进入平静警觉，可以邀请班上的其他同学来帮助你，倾听你的感受和需要，或者和你一起做一次能量转化练习。（如果觉得冲突是比较激烈的，那么在一开始就带领全班做一个能量转化练习可能会很有帮助。）

做出观察（第二步）

在每个人都进入平静警觉后，邀请问题解决者举手说出他对该冲

突的观察。当每一个人都同意这是一个观察（而不是抱怨）时，问题解决者就可以把他们的"观察事实"选择卡放在内在能量板上。其他同学也可以逐一说出他们的观察。在墙上的白板纸上写下每一个观察，或者让记录员来写。继续这个过程，直到学生们对白板纸上描述的状况感到满意为止。

如果学生很难做出清晰的观察，你可以问：这是摄像机能录下的图像吗？有人观察到评判或贴标签了吗？如果有的话，你能说说你的观察吗？

识别感受（第三步）与识别需要（第四步）

邀请所有问题解决者把能代表他们的感受和需要的卡片放在内在能量板上。提醒他们，如果需要帮助，可以邀请一位观察员，协助他们找到感受和需要。

邀请记录员在教室里转一圈，把问题解决者所有的感受卡和需要卡集中在一起，放在班级内在能量板上。

已经把自己的感受卡和需要卡摆在内在能量板上的问题解决者，也可以作为志愿者去帮助其他还没有完成的同学去完成这些步骤。

当所有的学生都把他们的卡片放在内在能量板上后，问学生：有没有哪位问题解决者愿意分享此刻的感受和需要？

交换位置（第五步）与从他人的视角看事情（第六步）

当所有相关的感受卡和需要卡都放在了教室中央的内在能量板上，愿意口头分享的同学说完后，请学生们站起来，到圈外走走看看，留意同学们提出的所有需要。（在探索活动结束后，教室里的内在能量板就会被擦掉，所以记录员也许想把这些内容记录下来。）

问大家一个关于待解决问题的问题：怎么满足每一个人的需要呢（第七步）

选择一个策略（第八步）

请学生们回到自己内在能量板的位置坐下来。问问是否有人自愿提出能满足所有需要的解决策略。老师在黑板或新的一页白板纸上写下建议（或者邀请记录员来写）。时刻谨记这个目标：我们要共同找到每个人都愿意尝试的解决策略。

提出请求，倾听请求（第九步）

如果已经商定了一个策略，请几名学生作为自己一方的志愿者代表，向对方代表提出请求。请他们使用这个模板："我们想试一试＿＿＿＿＿＿。你们愿意也尝试一周吗？"

当双方都同意对方的请求时，就已经完成了冲突解决圈。在班级日历上标记下一次碰头的时间。

务必定个时间，目的是让大家尝试几天提出的策略，几天后看看它的效果。如果效果不好，讨论一下是什么不起作用。学生可能会考虑调整策略，再试一次。或者，他们可能会同意从现有的选项或讨论中选一个其他策略。

9. 引导班级讨论。请问题解决者们分享他们的收获：如何在团体中运用解决问题九步法？请观察者和记录员分享他们的观察。分享你自己对这个过程的观察。

支持性活动

- 教师练习：花些时间回顾自己亲身经历的团体问

　　　　题的解决过程，留意哪些做法是有效的、下一次会有什么不同的方法。你也可以填写生活试验日志，理清思路，这样就能建立一个让学生在整个学年都受益的活动流程。
- 在学生们遇到团体冲突时，协助他们使用解决问题九步法来化解冲突。

与其他课程的结合

　　结合历史课和讨论时事时使用：

　　在历史课上讲到群体冲突时，可以把学生分为两派，用解决问题九步法来化解冲突。例如，讲到美国南北战争时，一半学生代表南方，另一半代表北方；或者讲到美国原住民和欧洲殖民者的冲突时，一半学生代表原住民，另一半代表殖民者。

能力 9　随时随地创建"无错区"的能力

·· 老师的准备工作 ··

▎课前准备▎

- ○ 准备两个单元所需的材料（请参阅第 199 页的"材料"）。
- ○ 复印两个单元来自"无错区"的分享，供 2~4 名学生阅读。
- ○ 复印两个单元的知识小百科和讯息。
- ○ 学习单元 9a 的当天早上把单元 9a 的知识小百科和讯息贴在课程信息中心。
- ○ 学习单元 9b 的当天早上把单元 9b 的知识小百科和讯息贴在课程信息中心。

▎能力 9 相关词汇▎

（这些词汇在单元 9a 和 9b 中都会用到，你和学生在开始各个单元的学习前或过程中可能需要经常预习或复习。）

- ◎ 持续扩大的
- ◎ 连接圈
- ◎ 圆圈
- ◎ 涟漪
- ◎ 连接
- ◎ 鹅卵石
- ◎ 被激活
- ◎ 共创
- ◎ 社区
- ◎ 梦想
- ◎ 一步一步地

单元 9a：关系内圈

目　标：复习自开设"无错区"教室课程以来，学生在预防和解决内心冲突及与别人的冲突方面学到的知识；增加课堂愿景和班级公约内容；满足结束学习和课程的需要

活　动：

- 志愿者朗读来自"无错区"的分享、知识小百科和讯息（15分钟）
- 探索活动：人际关系知多少（10分钟）
  活动类型：教师引导讨论
- 探索活动：新愿景，新约定（35分钟）
  活动类型：班级讨论，复习

材　料：

- 课前准备材料：无

手工制作所需材料：

- 白板纸
- 画架或胶带
- 马克笔

单元9a中制作的材料：

- 连接圈挂图

○ 增加班级愿景和班级公约内容

单元9a中要重复使用的之前的材料：

○ 第一次班会制作的愿景图或诗歌

○ 第二次班会制作的班级公约

单元 9b：关系外圈

目　　标：设想学生想住在其中的社区、城市、国家、世界/星球；畅想学生可以为那个世界做贡献的方式；满足结束和庆祝的需要

活　　动：

- 志愿者朗读来自"无错区"的分享、知识小百科和讯息（15分钟）
- 探索活动：关系外圈（45分钟）
- 活动类型：小组项目

材　　料：

课前准备材料：无

手工制作所需材料：

- 马克笔

单元9b中制作的材料：

- 连接圈挂图（增加内容）

单元9b中要重复使用的之前的材料：

- 连接圈挂图

单元 9a：关系内圈

▌来自"无错区"的分享 ▌

娜欧：每个人的生活都是由不断扩大的社交圈组成的。这个圈子从自己和家人开始，然后扩大到邻居、朋友和其他相识的人。在你成长的过程中，你的圈子里会有更多的人加入，包括学校的老师、同学和学长学姐学弟学妹们。当你升学后，你会去更大的学校，有更多的朋友，你的社交圈会更大。

米奇：就先说到这儿吧。我们不想太超前了。有没有人愿意在黑板上画三个同心圆？就像你把小石子扔到池塘里泛起的涟漪一样。

【停一下，邀请志愿者来画同心圆。】

娜欧：中间的圆圈代表你，第二个圆圈代表你家附近的朋友们，第三个圆圈代表你进入的一个更大的社交圈——你所在的班级。

米奇：你们每个人内在都有一个"无错区"，但并不是每个人都知道"无错区"的存在以及如何去那里。大多数人的"无错区"还未被激活。

娜欧：你是与众不同的。当你一次次地进行探索活动，一步一步地建造"无错区"教室时，你就已经激活了内在的"无错区"。

米奇：现在，当你遇到问题或者处于冲突之中的时候，你可以选择是进入"错误区"还是"无错区"尝试解决它。

娜欧：米奇和我来这里的任务快接近尾声了。在我们道别之前，我们还有探索活动要做。

米奇：今天我们将开展两个探索活动。我们要复习一起学过的内容，然后展望从现在到学年结束时大家对班级的期望。我知道你们已经都是很有经验的内在空间探险家了，所以我迫不及待地想马上开始了。娜欧，你也准备好了吧？

娜欧：当然！开始吧！

能力 9a

知识小百科

○ 人们的身体健康和幸福与否仰赖于当遇到问题或冲突时，是否有能力到达"无错区"。

○ 只要愿意，人们可以发展出共同创建"无错区"教室、学校和社区的能力。

○ 只要愿意，人们可以发展出共同创造每个人的需要都得到满足的世界的能力。

○ 人们有能力创造他们的愿景并愿意为之付出努力。

○ 与别人合作的力量远大于单打独斗。

讯 息

○ 创建自己的愿景并分享。

○ 合力创建理想的班级。

○ 畅想你希望生活于其中的世界，培养创造这个世界所需要的技能。

你可以防止问题变成争论或斗争。

探索活动：人际关系知多少（10分钟）

目　　标： 培养对社交圈的觉察；复习与自己、他人和班级建立连接以解决问题和冲突的知识；满足结束学习和课程的需要

材　　料： 白板纸，画架或胶带，马克笔

活动类型： 教师引导讨论

步　　骤：

1. 活动介绍：双胞胎已经向我们介绍了关系的三个同心圆。

2. 最里面的圈是我们和自己的连接。在白板纸的顶部写下"关系圈"的标题，然后贴在墙上。再在上面画一个小圆圈，标上"自己"。

   你现在对自己的了解有哪些是在"无错区"教室课程开始前不知道的？你有哪些知识和技能可以帮助你解决内心的问题、预防内心冲突或者找到解决方案？

   听学生的回答。（可能的答案：如何识别感受和需要；不掺杂想法地观察；从"错误区"到达"无错区"；平静警觉；平息愤怒六部曲等。）

3. 第二个关系圈是与另一个人连接。在第一圈外画第二圈，并标注上"他人"。

   你现在对与别人连接的了解中，有哪些是在"无错区"教室课程刚开始时还不知道的？你现在会用哪些知识和技能帮助你解

人们有能力创造他们的梦想并愿意为之努力。

决和别人之间的问题、预防冲突或者寻求解决方案？（可能的答案：识别别人的感受和需要，不把别人的所作所为当作在针对自己；解决问题；给别人时间并支持对方走出"错误区"。）

4. 第三个关系圈是整个班级连接。在"他人"圈外画第三个圈，并标注"班级"。你现在对与班级连接的了解有哪些是在"无错区"教室课程开始前不知道的？你现在有哪些知识和技能可以帮助你解决班级问题、预防冲突或者寻求解决方案？（可能的答案：使用内在能量板和卡片组来解决小组的问题。）

探索活动：新愿景，新约定（35分钟）

目　　标： 增加班级愿景；增加班级公约；满足结束学习和课程的需要

材　　料： 第一次班会时学生制作的愿景图和诗歌（或者班级拼贴照片），第二次班会上达成的班级公约（包括后续增加的内容），白板纸，画架或胶带，马克笔

活动类型： 班级讨论，复习

步　　骤：

一、班级愿景

1. 介绍讨论活动：在开始创建"无错区"教室时，我们讨论过班级的愿景。这是你们当时动手制作的绘画和诗歌。把绘画和诗歌发给学生。

2. 我想和你们一起复习一下我们的班级愿景。我们准备创建什么样的班级？把回答写在黑板或白板纸上，也可以加入你自

己的答案。

3. 到目前为止，我们实现了哪些预定的目标呢？倾听回答。分享你自己的答案。

4. 基于学到的知识和技能，你们觉得要增加愿景的内容吗？在白板纸上列出大家的建议。学生课后可以为班级拼贴海报，创作新的艺术作品或诗歌。

二、班级公约

1. 介绍讨论活动：如你所知，在刚开始创建"无错区"教室时，我们达成了班级公约，以确保安全、信任和最有效地学习。自创建公约以来，我们一直在审视和修订它。我想和大家回顾一下，它是否确实提高了你们所有人的安全感、信任感，取得了良好的学习效果呢？

2. 基于学到的知识和技能，你们觉得公约中要添加别的内容吗？（将所有学生都同意的内容添加到公约中。）

3. 你可以建议在班级公约中增加一个约定，看看是否所有学生都会同意。如：接下来的一个月，使用内在能量板和感受卡、需要卡、选择卡解决问题和化解冲突。（注意，时间的记录很重要，这样全班才能够确切地判断公约的实用性并适时地对其予以修订。我们希望类似这样的约定将帮助全班同学和平共处。）

与其他课程的结合

结合语文、历史和科学课使用：

选择语文、历史或科学课中的人物，了解他们的生活

> 当你和别人一起工作时,你的力量会更强大。

背景,识别他们当时所处的关系圈。例如,海伦·凯勒(1888—1968)学习用手语和人沟通,和家人建立了连接。后来,她又学会了说话、读书、写字,就和世界建立了连接。

单元 9b：关系外圈

▍来自"无错区"的分享 ▍

米奇：是时候展望未来并庆祝啦！

娜欧：是的！想到未来，也许你难以置信，但在你意识到之前，你已经完成了小学、中学和高中的学业。

米奇：这其中有很多阶段，而每一年你的社交圈和影响力都在不断扩展。

娜欧：渐渐地，在关系外圈中，你将有更多的机会和选择。

米奇：除了乐趣和兴奋，可能也会遇到像路障一样让你觉得有挑战性和害怕的艰难时刻。但是你现在已经激活了你的能力，无论你去哪里、做什么，这些能力都将跟随你并为你所用。

娜欧：生活不会一帆风顺。遇到问题时，你都可以查看自己的内在运作系统，选择是否进入"无错区"。你永远都有权选择。

米奇：当你们的社交圈越来越大时，希望你们依然记得和我们探索内在空间的这段旅程。

娜欧：希望你们尽可能多地使用你的能力以保持它们的活跃状态。

米奇：虽然你内心的"无错区"永远不会消失，但如果你选择不使用你的超能力，就有可能忘记如何到达那里。我们希望你会记得我们，这样你就会想起回到"无错区"的路。

娜欧和米奇：现在暂时和大家说再见了，但是你们将永远在我们的雷达上。欢迎大家随时来我们在"无错区"的家做客。

能力 9b

知识小百科

○ 在班级之外，还有关系外圈，包括学校、城市、国家和全世界。
○ 你有能力形成和影响你的关系外圈。
○ 了解你的内在能量板，内化"无错区"。这会让你随时随地在各关系圈中创建"无错区"。

讯 息

○ 现在就开始畅想一个你愿意生活在其中的世界，并开始和他人共同创造这个世界。
○ 通过内在运作系统继续航行，它会赋予你忠于自己的力量。
○ 学会无论何时何地都能创建"无错区"。
○ 以和为贵。

尽可能多地使用你的能力以保持它们的活跃状态。

探索活动：关系外圈（45分钟）

目　　标：提高对关系外圈的觉察；全班畅想人人乐意生活在其中的社区、城市、国家和世界/星球；学生畅想如何努力实现它；满足学习结束和庆祝的需要

教　　具：关系圈挂图，马克笔

活动类型：小组项目

步　　骤：

1. 介绍活动：双胞胎向我们介绍了关系外圈，今天我想和你们探讨一下我们对关系外圈的影响。

2. 第四圈、第五圈、第六圈和第七圈分别是社区、城市、国家和世界/地球。在关系图上已有的三个同心圆外画出这些圆圈，并标注上"社区""城市""国家"和"世界"。

3. 开始讨论：你认为我们正在学习的内容能否影响关系外圈，解决问题，预防、减少和化解冲突？要怎么做呢？

4. 为关系外圈创造班级愿景：如果没有愿景，当然很难实现它。你希望创建怎样的社区、城市、国家和世界？你愿意为此做出什么贡献呢？

   请学生们分享他们对"关系外圈：想生活在其中的世界"的愿景。给学生分组，把愿景相似的学生分到一个小组。小组讨论如何描绘他们的愿景以及他们如何为实现愿景做出贡献。以下是可用来展示愿景的方式：

选项1：**壁画**。大家共同创作一幅由文字、短语、短诗、图片和杂志剪报组成的大作品。

选项2：**拼布**。每个学生用约20厘米×20厘米（或大小由教师来定）的纸或布绘画、诗歌或拼贴，组成一件墙饰作品。

选项3：**一首歌或一首诗**。学生们写一首歌或一首诗发给全班，全班学生可以一起唱歌或朗诵。把唱的歌或朗读的诗词录音，与家长或其他班级分享。

选项4：**其他**。学生可以自行决定描绘愿景的形式。

5. 请学生们互相分享他们的愿景，以此来庆祝他们正在发展的，为每个人的身体健康和幸福做出贡献的能力，同时庆祝这些能力扩大了他们在世界上的影响力。

支持性活动

- 邀请学生列出他们拥有的并愿意分享的天赋和才能，彼此分享。
- 邀请学生做一个关系外圈项目，帮助满足他人对食物、水、健康、住所、理解、尊重、和平等方面的需要。这可以是个人项目，也可以是两人组、多人小组或全班共同完成的项目。上网搜索并研究类似项目，看其他人正在做什么来满足相同的需要。
- 为关系外圈做出贡献的方法，可以参考www.myhero.com、www.Giraffe.org、www.kidsface.org等网站，了

> 抛开书本、文字叙述、传统和权威等，
> 踏上自我探索之旅。
> ——克里希那穆提

解青少年目前为他们想要生活在其中的世界做了哪些努力。

- 如果想要获得灵感和鼓励，可以阅读在历史上为关系外圈做出过贡献的人的人物传记。

与其他课程的结合

结合语文、历史或科学课使用：

阅读语文、历史和科学课中人物的生活，了解他们当时所处的关系圈。例如，伽利略（1564—1642）在分享地球绕太阳公转的理论时，就是他在与当时的世界建立连接。

附录1
观察记录表

数据收集

如果你想了解本课程对学生在互动、合作和参与度等方面的影响，那么可以开展一个数据收集试验。我们建议你使用下面的观察记录表制定观察基准，每隔4~6周收集一次数据。

我们希望你在开展这项调查时可以发现它对你自己的评估和学习的价值。

使用说明

··建立观察基准··

在课程开始前一周，观察 3~5 次学生在"自由时间"的互动，每次 20 分钟。注意找玩游戏、交谈等活跃的社交活动。观察者只是安静地观察，让学生尽可能放松地互动。

- 使用观察调查表。
- 在表格顶部的"观察基准"上打"√"。完成观察时，填上观察的日期和时长。
- 可观察的行为：在观察期间观察到以下所列行为之一时，使用一个计数标记。可以用画"正"字的方法来计数。
- 补充信息：尽可能准确地填写这部分内容。
- 备注：可添加备注描述你观察到的行为。

··进度检查··

每隔四周（或教师选定的时间间隔）再进行观察。保持相同的条件：学生在教室中 20 分钟的"自由时间"里交谈、玩游戏、阅读等。

- 使用观察调查表。
- 在表格顶部的"进度检查"上打"√"。观察完成后，填上观察的日期和时长。

○ 可观察的行为：在观察期间观察到以下所列行为之一时，使用一个计数标记。可以用画"正"字的方法来计数。
○ 补充信息：尽可能准确地填写这部分内容。
○ 备注：可添加备注描述你观察到的行为。

观察记录 _____ 观察基准 _____ 进度检查

日期 _____ 观察时长 _____

如果你想比较自己和其他人的记录结果，可比较每次的观察记录表。注意：观察的时长很重要。

开学时间（观察基准）或上一次记录日期（进度检查）_____

··可观察的行为··

你有多少次：

_____ 听到斗嘴、争执、指责

_____ 听到贬低、消极评价的话

_____ 听到抱怨

_____ 听到命令、发号施令

_____ 听到学生说"应该"或者"必须"

_____ 看到攻击的行为、打架

_____ 提醒学生注意自己的言行举止

_____ 听到学生分享感受和需要

_____ 听到学生提出请求

_____ 看到学生以和平的方式解决问题和化解冲突

··补充信息··

在建立观察基准时，请填写学年开始到现在的时间。如果是进度检查，请填写上次检查到这次检查之间的时间。

你的班级的学生情况：

____人缺席。

____人迟到。

____人因为行为不当被请出教室。

____人被留校。

____人勒令休学。

一般能完成学习任务的学生的百分比：_____

专注并有学习效果的学生的百分比：_____

自上次观察以来的显著变化：_____

_____

_____

_____

_____

备注：_____

_____

_____

附录 2
材料模板

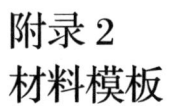

内容

内在能量板模板
- 内在能量板模板("无错区"简介)
- 挂图

  九大能力("无错区"介绍)

  四种倾听方式(单元 6a)

  平息愤怒六部曲(单元 7b)

  解决问题九步法(单元 8a)

- 卡片组
  - 14 张选择卡（单元 1b）
  - 14 张需要卡（单元 2a）
  - 14 张感受卡（单元 4a）
- 工作单
  - 长颈鹿感激卡（第二次班会）
  - 生活试验日志（单元 3b）
  - 感受和需要的关系（单元 4a）
  - 感受与想法（单元 4b）
  - 观察和想法脚本卡（单元 5a）

材料模板

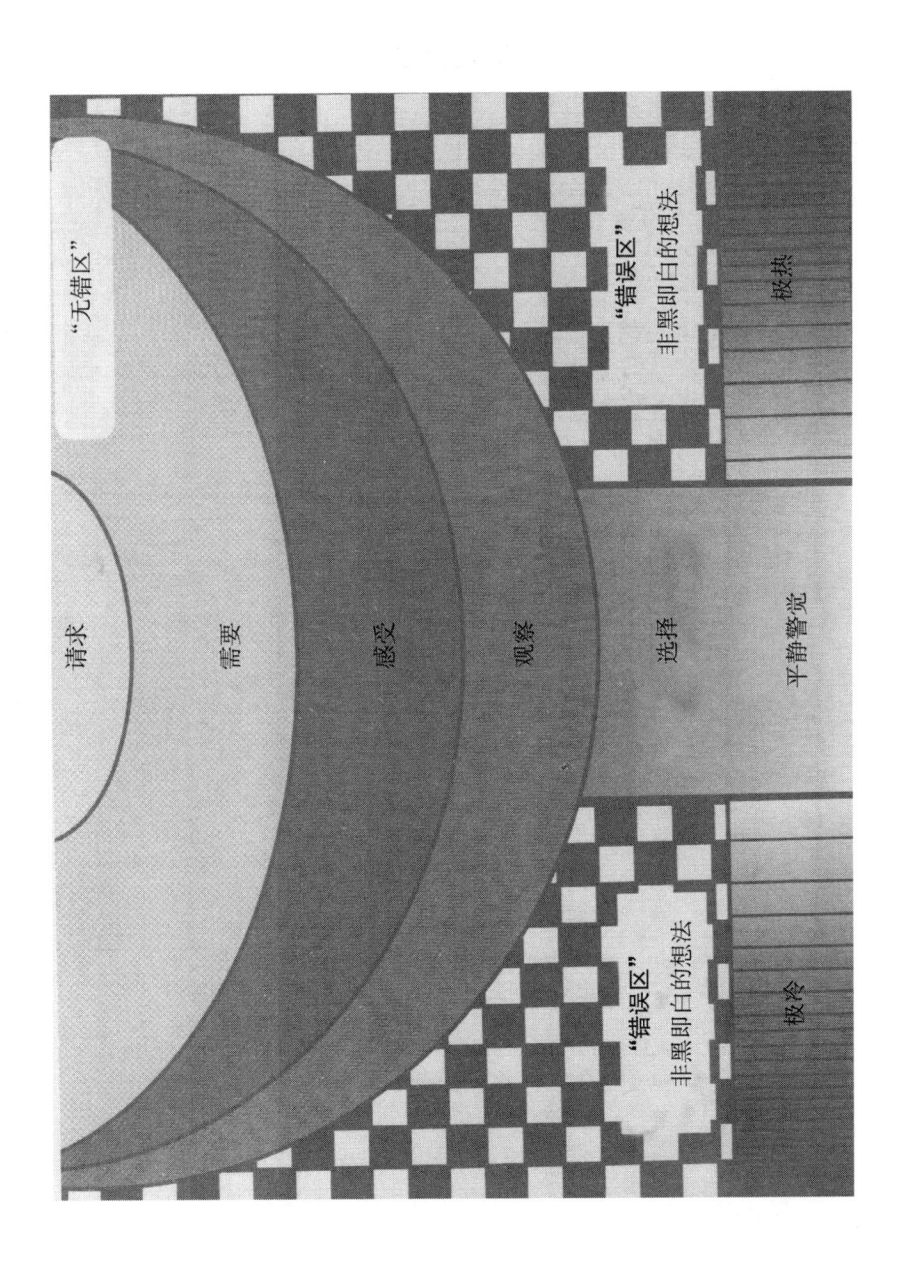

（图示内容，文字标签）

- "无错区"
- 请求
- 需要
- 感受
- 观察
- 选择
- 平静警觉
- 极热
- 极冷
- "错误区" 非黑即白的想法
- "错误区" 非黑即白的想法

九大能力

1. 进入平静警觉的能力
2. 了解需要的能力
3. 满足需要的能力
4. 觉察感受的能力
5. 观察的能力
6. 倾听的能力
7. 在"错误区"航行的能力
8. 合作解决问题和化解冲突的能力
9. 随时随地创建"无错区"的能力

四种倾听方式

1. 听对方的想法
   （食指指向外。）
2. 听自己的想法
   （食指指向内。）
3. 倾听对方的感受和需要
   （双手放在胸前，手心向外。）
4. 倾听自己的感受和需要
   （双手放在胸前，手心向内。）

平息愤怒六部曲

D 侦测（Detect）自己的愤怒；

E 赶走（Eject）"应该怎样……"的想法；

F 专注于（Focus）能量转化；

U 发现（Uncover）愤怒背后的需要；

S 体会（Sit）自己的需要；

E 探索（Explore）满足需要的各种可能。

解决问题九步法

1. 进入平静警觉。
2. 做出观察。
3. 识别感受。
4. 识别需要。
5. 交换位置。
6. 从他人的视角看事情。
7. 问大家一个关于待解决问题的问题：怎么满足每一个人的需要呢？
8. 选择一个策略。
9. 提出请求，倾听请求。

尝试你的解决方案，看看它是否奏效。

选择卡（单元 1b）

解决问题 如何满足每个人的需要？	**提出请求**
对事实的判断	**对事实的观察** 我看见……我听到……我记得……
非黑即白的想法 **抱怨**	非黑即白的想法 **指责**
非黑即白的想法 **贴标签**	非黑即白的想法 **命令**
倾听自己的想法	**倾听对方的想法**
倾听自己的感受和需要	**倾听对方的感受和需要**
能量转化法 进入平静警觉	**平息愤怒六部曲**

需要卡（单元2a）·正面

朋友
归属感

玩耍·乐趣

休息

被倾听
被理解

需要卡（单元 2a）·背面

材料模板

229

需要卡（单元 2a）·正面

理解他人

同理倾听

理解自己

自我体贴

能力·才能

技能

学习·探索

发现

需要卡（单元 2a）· 背面

材料模板

231

需要卡（单元 2a）· 正面

选择·自主·自由

自我表达·创造力

安全·信任

给予·分享

需要卡（单元 2a）· 背面

材料模板

233

需要卡（单元 2a）· 正面

帮助·支持

尊重·欣赏

体贴

需要卡（单元 2a）·背面

材料模板

235

感受卡（单元 2a）·正面

高兴·开心·欣喜·愉快

悲伤·不高兴
失望·孤单

愤怒·生气
暴怒·心烦意乱

好奇·有兴趣

感受卡（单元 2a）· 背面

材料模板

237

感受卡（单元 2a）· 正面

感谢 · 感激

好玩 · 有活力

焦虑
紧张

平和 · 满足
平静 · 放松

感受卡（单元 2a）·背面

材料模板

感受卡（单元 2a）·正面

恐惧·不安
害怕

兴奋·热情
精力充沛·期盼

困惑·迷惑
糊涂·忐忑

惊讶·震惊

感受卡（单元 2a）· 背面

材料模板

241

感受卡（单元 2a）·正面

友好·友爱
温柔·温暖

气馁

感受卡（单元 2a）· 背面

material模板

长颈鹿感谢卡

当我想到……
我感到……
因为它满足了我……的需要

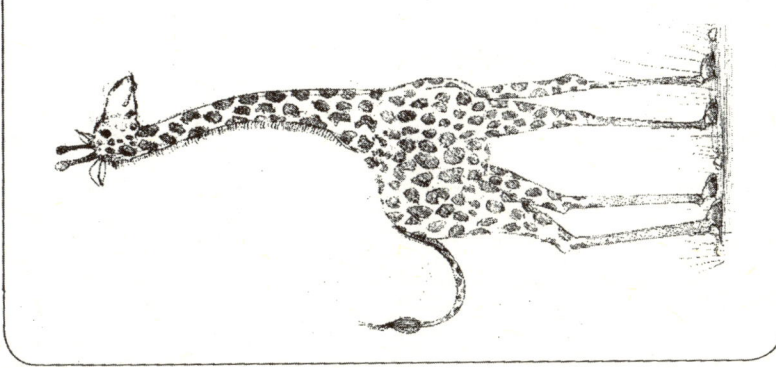

生活试验日志

1. 我做了什么?

　　--
　　--
　　--
　　--

2. 结果如何?

　　--
　　--
　　--
　　--

3. 哪些需要得到了满足?

　　--
　　--
　　--
　　--

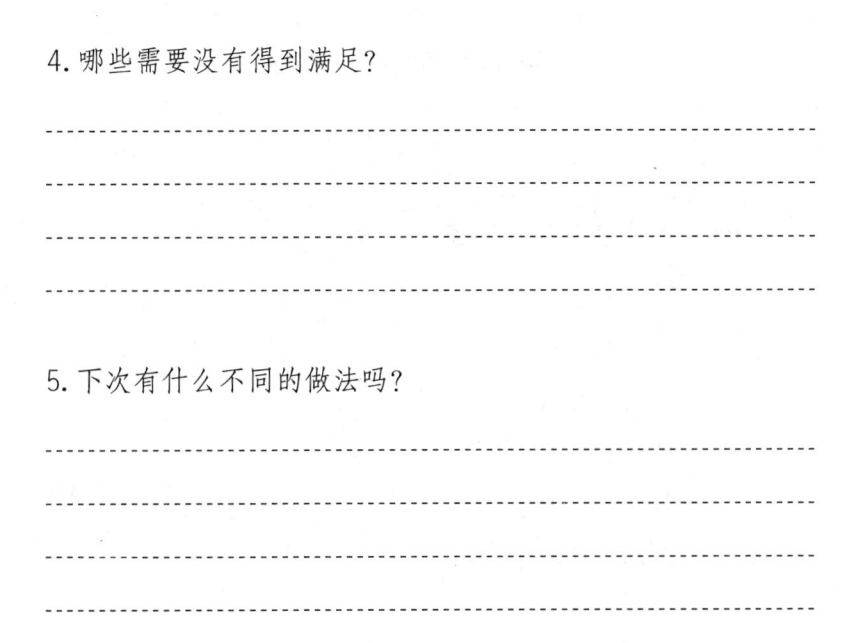

4. 哪些需要没有得到满足?

---

5. 下次有什么不同的做法吗?

感受和需要的关系

回想一次你感到开心的时刻。
发生了什么？ _____
什么需要得到了满足？
_____

回想一次你感到伤心的时刻。
发生了什么？ _____
什么需要没有得到满足？
_____

回想一次你感到害怕的时刻。
发生了什么？ _____
什么需要没有得到满足？
_____

回想一次你感到兴奋的时刻。
发生了什么？ _____
什么需要得到了满足？
_____

感受与想法练习题

在你认为是感受的句子前写"F",在你认为是想法的句子前写"T"。

_____我感到困惑。

_____我觉得你的解释不够清晰。

_____我感到害怕。

_____我感到气馁。

_____我觉得你是个聪明人。

_____我觉得她不喜欢我。

_____我觉得充满希望。

_____我有点儿紧张。

_____我觉得这不公平。

_____我觉得很安全。

_____我觉得你不理解我。

_____我觉得你很理解我。

_____我觉得你应该道歉。

_____我觉得很痒。

_____我觉得被冷落了。

_____我觉得被无礼对待了。

_____我觉得很糟糕。

_____我觉得你很刻薄。

_____我觉得被抛弃了。

_____我觉得没有条理。

观察和想法脚本卡

你从拐角处走出来的时候，把我撞倒了。	你太粗心了。
我花了两个小时做家庭作业。	我的老师太坏了。
桌上和地板上有胶水。	你总是把事情弄得一团糟。
她告诉我必须用蓝色颜料，不能用绿色的。	我的老师太专制了。
我想开始写字了，他却一直在问我问题。	他总是来烦我。
我看到你把球踢到了房顶，然后你说你没有。	你是个撒谎精。
我想看书，却听到你一直在说话。	你太让人烦了。
我看到你拿了我的铅笔放到你的桌子上了。	你偷了我的铅笔！
他们说其他人不可以加入他们的俱乐部。	他们觉得自己很酷。
我们说不想踢球，她就走开了。	她真奇怪。
我请你让路，你没有。	你这个笨蛋，你受伤你活该。

续表

你告诉老师我拿了你的铅笔。	你就爱打小报告。
我们上次一起玩的时候我流血了。	你玩得很粗暴！
他们把鼻子贴在窗户上。	他们的表现太愚蠢了。
她打嗝了。	她真没礼貌。
你两腿伸直了坐着。	你坐着的样子好傻。
她在苹果上放了芥末。	她做了很奇怪的事。
这个星期他读了两本书。	他读书的速度太慢了。
你坐到了我的眼镜上，把眼镜坐裂了。	你真是又笨又蠢。
你撞到我了。	你占的地方太大了。
他把我推到了线外。	他真野蛮。
我叫你出来，你却还待在里面。	你是个愚蠢的白痴。
你吃了最后两片派。	你就是头猪。
她说我不能参加游戏。	她太霸道了。

附录 3
能量转化练习

内容

- ○ 能量转化练习日志
- ○ 身体扫描
- ○ 心呼吸能量转化法
- ○ 中心定位法
- ○ 甩手运动
- ○ 交叉爬行
- ○ 脑部血液保持法

- 大树式
- 六秒暂停
- 自我倾听

能量转化练习日志

日期：_____
练习名称：_____
开始练习前：做一次身体扫描。
记录身体的感觉、感受和想法。

_____
_____
_____
_____
_____
_____

练习结束后：做一次身体扫描。
记录身体的感觉、感受和想法。

_____
_____
_____
_____
_____
_____

身体扫描

我们会通过内在运作系统接收内在空间的信号：我们有时会感到快乐和满足，有时也会有压力、愤怒和悲伤。当我们觉察到自己的感受时，我们就对感受和行为有了更多的选择。

1. 坐在椅子上，双脚踩在地板上，双手放在膝盖上。做几次深呼吸。
2. 把注意力放在你的头部和颈部。抬头，低头，头向左转，再向右转，绕一个圈。感觉头部的重量。让头部自然下垂，放松。
3. 把注意力放在肩膀上。抬肩膀，放下，从前往后画圈，抖动肩膀，放松。
4. 举起你的手臂，扭一扭，抖一抖，让它们在身体两侧下垂或者将双手放在膝盖上。
5. 甩一甩双手，再活动一下手指，让它们放松。
6. 把双腿向前伸展。绷紧然后放松，做两三次，然后抖一抖腿。
7. 转动脚踝，用你的脚划圈，先往一个方向划圈，接着换另一个方向。现在把双脚重新踩到地板上。
8. 动动脚趾头。踮起脚尖，放松，再一次把双脚放在地板上。
9. 停下来，倾听自己的身体。什么词最适合描述你现在身体的感觉呢？轻松？沉重？注意你的头、脖子、肩膀、手臂、手指、手、腿、脚踝、脚趾。
10. 做五六次深呼吸，然后睁开眼睛。

能量转化法：心呼吸能量转化法[①]

这个练习可用于需要能量转化时的开场活动，也可以和学生用它开启每天的清晨。

1. 想起让你感恩的事，或者想起就会微笑的事物。可以是一个宠物、一个人、一棵树或者一朵花。
2. 舒适地坐好，闭上眼睛，放松。
3. 做五次深呼吸。
4. 把双手放在胸口。
5. 想到让你微笑的那个人、那个宠物或者那棵植物。吸气的时候，吸进微笑和感激的能量，把这股能量的感觉吸进你的胸口。
6. 做五次深呼吸。

[①] 这是心能量练习（www.heartmath.org）的一个改编活动。心能量系统由齐瑞德（Doc Childre）研发，他是压力应对专家，也是作家，商业、科学和医学领域的顾问。他在心能量方面针对心理、生理和人类潜能提出了创新性的见解，为现代社会高效的生活提供了新的模式。在学校、公司、政府机构和医疗保健机构教授心能量方法，可协助人们提升抗压能力，培育与人相处的智慧和同理心。

能量转化法：中心定位法[1]

这一简单的日常练习有助于增强协调性以及整个能量系统的稳定性。

1. 直立，放松。
2. 把一只手的中指放在鼻梁上方的眉心中间。
3. 把另一只手的中指放在肚脐上。
4. 温柔地按压眉心和肚脐，向上推动，保持12~30秒。
5. 做一次身体扫描，留意身体的感受。

---

[1] 中心定位法是由唐娜·伊顿（Donna Eden）开发的能量医学方法。能量医学基于数百年来关于身体能量经络的信息，教导所有年龄段的人优化身体的能量流动，以促进健康、思考和整体的身心平衡。

能量转化法：甩手运动[1]

1. 站立，双脚分开与肩同宽，将身体的重量集中在脚掌，膝盖微屈，放松。
2. 胳膊在身体两侧下垂，快速地甩双手，同时带动你的脚后跟轻轻上下跳动。持续大约20秒。
3. 停止甩手，站立，注意一下身体的感觉。进行身体扫描：你注意到了什么？

---

[1] 甩手运动是合气道的一项运动，是由植芝盛平（Morihei Ueshiba，1883~1963）创立的非暴力武术。合气道是一种以平静、非侵略性方式处理冲突的身心练习。年轻人和成年人练习合气道，可发展内在的平衡、力量、灵活性和自由感。用植芝盛平的话说："学习合气道不是为了与敌人战斗，也不是为了打败对手。它旨在达成世界和平，共筑幸福大家庭。"

能量转化法:交叉爬行[1]

1. 站直,两腿的力量保持平衡。
2. 同时抬起右臂和左腿。
3. 放下右臂和左腿,同时抬起左臂和右腿。
4. 重复进行,尽可能抬起你的腿,手臂尽可能滑过身体前方另一侧。
5. 续进行,动作尽可能缓慢而顺畅。同时,用你的鼻子深深地吸气,用嘴呼气。

---

[1] 交叉爬行来自维克斯健脑操(Brain Gym,也称为教育运动机能学),由丹尼森博士(Paul Dennison)历时25年开发完成。维克斯健脑操旨在研究人对自然运动的体验,以提升学习效能,激活大脑优化信息存储和检索的能力。健脑操可以对身心系统进行再教育,使任何技能或能力更加事半功倍地发挥出来。

能量转化法：脑部血液保持法[1]

当你感到有压力、愤怒或恐惧时，多达80%的血液会离开大脑的思维中心（额叶）。你的想法可能变得模糊，你将无法进行思考并与你的需要保持连接。

脑部血液保持法能把血液带回大脑的额叶，让你可以更清晰地思考，重新连接感受和需要，并进入平静警觉。

1. 身体坐直，缓慢地深呼吸。
2. 将一只手的手掌放在额头上，将另一只手的手掌放在后脑勺上。
3. 感受手中的能量给你的头部带来的温暖。
4. 保持这样的姿势大约3分钟，缓慢地深呼吸。

---

[1] 脑部血液保持法（Neurovascular Hold）是由唐娜·伊顿开发的能量医学方法。能量医学由数百年来关于身体经络的知识发展而来，老少皆宜，教导人们优化身体能量流动，以获得最佳状态，保持身心健康。

能量转化法：大树式[1]

1. 掌心相合，放在胸前。
2. 抬起一侧膝盖，让脚掌离地几厘米。
3. 保持，呼吸，从 1 默数到 20。
4. 重复另一侧。
5. 每一次练习都可以适当延长时间。

为了保持平衡，可以注视前方一两米远的地上固定的一点。

---

[1] 大树式是一个瑜伽练习。

能量转化法：六秒暂停

使用这一练习可以激发你的思维脑（大脑皮层），让你在感觉恼怒、烦躁或痛苦时冷静下来，或者在你心情低落的时候为你唤醒大脑。

试试下面的活动：

1. 用外语从 1 数到 6。
2. 说出六种你知道的宠物的名称。
3. 感觉有六股气流充满了你的肺部，想象它们的样子。
4. 回想某一部动画片中人物的名字。

能量转化法：自我倾听

1. 准备好你的感受卡和需要卡，坐在地板上或桌子前。
2. 闭上眼睛，做 3~5 次深呼吸。
3. 问问自己：现在有什么感受？
4. 睁开眼睛，挑选出与你的感受相匹配的一张或几张卡片。把卡片放在你面前的地板或桌子上。
5. 然后在需要卡中选出和你内心感受吻合的需要卡。
6. 当你知道了自己的感受和需要以后，留意一下此刻你的感受。

非暴力沟通的四个步骤

清楚地、不带指责或批评地表达我是怎样的	同理接收你是怎样的，而不是听到指责或批评

1. 观察

我所观察到的（看到的、听到的、记得的、不带评判地想象的）是否为我的健康和幸福做出了贡献： "当我（看，听）……"	你所观察到的（看到的、听到的、记得的、不带评判地想象的）是否为你的健康和幸福做出了贡献： "当你（看，听）……" （有时倾听对方时会保持沉默。）

2. 感受

和我的观察相关的感受（情绪、感观感觉而不是想法） "我感到……"	和你的观察相关的感受（情绪、感观感觉而不是想法） "你感到……"

3. 需要

引发我的感受的根源是我需要或看重的（而不是偏好的或特定的）行为： "……因为我需要/看重……"	引发你的感受的根源是你需要或看重的（而不是偏好的或特定的）行为： "……因为你需要/看重……"

4. 请求

不带命令地、清晰地请求对方丰富我的生命 我想让对方采取的具体行动是： "你愿意试试……吗？"	同理倾听能丰富你的生命的信息，而不是听从任何命令。 对方想采取的具体行动是： "你愿意……吗？" （有时倾听对方时会保持沉默。）

感受词汇表

当需要得到满足时

- 惊奇
- 舒适
- 自信
- 期待
- 精力充沛
- 满足
- 开心
- 有希望
- 有灵感
- 好奇
- 高兴
- 感动
- 乐观
- 骄傲
- 安心
- 刺激
- 惊讶
- 感谢
- 触动
- 信任

当需要没有得到满足时

- 愤怒
- 烦闷
- 焦虑
- 迷惑
- 失望
- 沮丧
- 忧虑
- 尴尬
- 气馁
- 无助
- 绝望
- 焦躁
- 恼怒
- 孤单
- 紧张
- 不知所措
- 困惑
- 不情愿
- 悲伤
- 不安

需要词汇表

自主性
- 选择梦想、目标、价值
- 为实现梦想、目标和价值选择计划

庆祝
- 庆祝生命的创造和梦想的实现
- 哀悼亲人、梦想等

一致性
- 真实
- 创造
- 意义
- 自我价值

相互依存
- 接纳
- 欣赏
- 亲密关系
- 社群
- 关心
- 服务生命
- 情绪安全
- 同理倾听
- 诚实（诚实的能力可以帮助我们突破自己的局限学习）
- 爱
- 确定性
- 尊重
- 支持
- 信任
- 理解

生理需要
- 空气
- 食物

- 运动锻炼
- 保护生命不受到病毒、细菌、害虫、食肉动物等的威胁
- 休息
- 性表达
- 住所
- 触摸
- 水

玩耍
- 乐趣
- 笑

精神需要
- 美
- 和谐
- 灵感
- 规则
- 和平